▶ **動画でわかる！**

\運動嫌いがゼロになる！/

子どもが考えて楽しむ体育ゲーム

小溝 拓

学陽書房

まえがき

　本書は、体育の苦手な子どももとっても楽しく夢中になる、どんな子どもも参加しやすい体育ゲームを集めた本です。

　時間も5分から選べるので、先生が授業のすきま時間でパッと使えます。授業のネタがないときや、体育の授業が苦手な先生にも、さっと役立つ本にできたら、という思いで書きました。

　私はよく同僚や他校の先生方から体育に関する質問や相談を受けています。運動や技の指導や、練習の場づくり、子どもが夢中になるゲームは？　など、体育に悩みを持つ先生方の疑問はさまざまです。どうしても運動が苦手な子に悩む、という相談を受けることもあります。

　そのような先生方のために、私は質問に答えるだけでなくSNSを通しても「どんな子どもでも楽しめて夢中になれる体育授業」のつくり方を発信してきました。準備も手軽で、誰でも簡単に楽しめる運動ゲームを紹介したり、全員が楽しめるようなルールを子どもたちと一緒に考えながら進めていくことの大切さを伝えたりしています。運動に苦手意識のある子どもも、運動が得意な子どもも一緒に楽しめる運動やゲームにすることで、すべての子どもにとって体育が充実した時間となり、様々な運動感覚を養うことにもつながります。

　そして、これらのゲームや指導法に関するアイデアはどれも私自身が実践して裏付けてきたものばかりです。授業を見た校長からは「これならどの子も体育嫌いにはならないね」と太鼓判をいただき、実践をまねてくれた同僚からも「子どもも大喜びでした、またいろんなゲームを教えてください！」と喜ばれています。また、私の実践が自治体からも認められ、優れた実践に贈られる最高賞をいただきました。

実際に私の体育授業を受けている子どもたちからは、「自分たちでルールを考えたり、上手くいくように作戦を立てたりするのが楽しい！」とよく言われています。全員が楽しめるようにするにはどんなルールがよいか、子どもたちと相談しながら進めていくので、子どもたちが主体的に体育授業を創造します。「先生、僕たちこんなゲームを考えたので今度体育でやらせてください！」と提案してきたこともありました。まさにみんなで考えて楽しむ体育になるのです。

　その結果、体育を大好きになった子が非常に多く、学年末の満足度は5点満点で全員が3以上、平均4.7という結果でした。まさに、体育を嫌に感じる子が一人も生まれない授業なのです。4月には体育が「嫌い」だったのに、私の授業を受けて体育が「楽しい」と感じられるようになった子はこれまでに何人もいます。体育に前向きになったことから他のいろんなことにも活発になり、保護者から感謝されたこともありました。

　いったいどんな種目や、どんなルールのゲームをすれば子どもたちが夢中になる体育ができるのか、本書にこれまでの実践のすべてをまとめました。
　ほとんどのゲームがQRコードから動画で見ることができ、どんなゲームかすぐわかるようにしてあります。
　体育授業に悩んでいる先生方に、困ったときのネタとして、またすべての子どもがスポーツや運動の楽しさを味わえる体育授業づくりのアイデア集として、本書を使っていただけたら幸いです。

小溝　拓

もくじ

第1章 みんなが体育大好きになる！ ワクワク体つくり運動ゲーム

😃 絶対に盛り上がる！ ボール遊び系ゲーム

😃 みんなで知恵を出し合って みんなでやろう協力ゲーム

※もくじ中、そのあそびに適した学年層を低学年＝低、中学年＝中、高学年＝高、全学年＝全と表示しています。

4

😃 おに遊び系ゲームで心と体をほぐそう！

😃 こんな使い方もできる！ 簡単フラフープゲーム

第 **2** 章 できる動きを思いっきり楽しむ
器械運動ゲーム

自分の好きな動きで動き回る
パルクール風マット・跳び箱運動 ………… 全 64

第3章 データと映像で動きが劇的に変わる 陸上運動ゲーム

😊 自分の動きを映像で分析しよう

😃 走ることとかけひきを楽しもう

第4章 泳げなくたって楽しい！水泳運動ゲーム

第5章 うまいもへたも関係ない！ みんなが楽しいボール運動ゲーム

第**6**章 「見せない表現」から始めると楽しい！
表現運動ゲーム

ご購入・ご利用の前に必ずお読みください

- **本書では掲載されている QR コードから著者の note のリンクに飛び、そこから各あそびが YouTube の動画として見られるようになっています。**

- 本書の内容および動画についてはすべて、著作権法によって保護されています。著者および発行者の許可を得ず、本文や動画の転載、動画の複写・複製等の利用はできません。本文の複写を希望される場合は、本書巻末奥付の一番下をご確認のうえ、許諾を得てください。

- QR コードからリンクに飛べない場合や YouTube 動画が見られない場合、教員の方が使う端末アカウントの自治体や学校のセキュリティの設定が原因の場合があります。その場合、個人の端末やアカウントをご使用いただくと見られる場合があります。

- 本書の発行後に note や YouTube の WEB サービスの機能が変更された場合、動画の視聴ができなくなる可能性があります。また、そのことによる直接的、または間接的な損害について、著者ならびに弊社では一切の責任を負いかねます。あらかじめご理解、ご了承ください。

考える体育が子どもたち を夢中にさせる!

なぜ「考える」ことが大切なのか

　体育の授業で子どもが「考える」シーンには、いくつかの段階があります。まず1つ目は、「向き合う」ことです。提示されたゲームや一緒に参加する仲間など、目の前の状況にきちんと向き合います。2つ目は、「受け容れる」ことです。向き合って捉えた状況をありのままに受容することが大切になります。そして3つ目は、「選ぶ」ことです。今の状況ではどんな作戦がよいか、チームの中で自分はどんな振る舞いをするのが最もよいかを判断して、行動に移します。

　目の前の状況に向き合い、それをありのままに受け容れて最適な振る舞いを選択する。このサイクルを続けることで、自分の行動やプレーに明確な意図が生まれ始めます。この状況に応じた意図的な行動こそ、「主体的」とよばれる態度だと思います。そして、それを実現するためには、「考える」という一連のプロセスがとても重要になるのです。

　自分自身と向き合うこともあれば、仲間と知恵を出し合うこともあります。じっくり検討することもあれば、瞬時の判断が必要な場面もあります。体育の中で、たくさんの「考える」余白を用意すると、子どもたちはどんどん主体的に考え、行動し始めることでしょう。

体育の「考えどころ」は3つ

　体育における考えるポイントは様々ありますが、大きくまとめると次の3つになります。

（1）「個人の動き」を考える

　この動きのコツはなんだろう？　もっと記録を伸ばすにはどうするか？　など、自分自身に目を向けさせる視点です。

　何度も挑戦したり、映像で振り返ったりすることが、自分なりの答えや工夫につながります。考えた結果が運動の向上につながるように、脚の形や運動中の姿勢など、注目するポイントを具体的に提示できるといいですね。

（2）「チーム戦術」を考える

　本書で紹介する体育は、チームでの協力が求められるゲームばかりです。より早くクリアするにはどうするか？　チーム全員が得点するにはどうするか？　など、チーム内の役割分担や協力方法についてたくさん考える時間を用意しましょう。運動が得意な子や上手な子ばかりが活躍するのではなく、運動に苦手意識のある子でも楽しく参加できるように、チーム全体でプレーの仕方を考えることが大切です。自然とコミュニケーションが増えて、人間関係や集団づくりにも良い効果が期待できます。

（3）「ゲームづくり」を考える

　本書で紹介する体育で最も大切なことは、「楽しい体育の時間は自分たちでつくる」という意識を子どもたちに持たせることです。

　そのためには、全員が楽しめるルールはどんなものか？

　試合がないチームにはどんな役割が必要か？

　など、ゲーム全体・授業全体への視点が不可欠になります。特に運動が苦手な子でも楽しめるためのルールづくりは、お互いの意見を尊重しないと実現できない難しい課題ですが、そこを子ども自身で解決していくことにとても大きな意義があります。先生の指示で動く体育ではなく、子ども自身が主体的に進めていく体育になるように、子どもに決めさせる範囲を思い切って広げてみましょう。

第 **1** 章

みんなが体育
大好きになる!
**ワクワク
体つくり運動
ゲーム**

運動嫌いな子も楽しめる時間に

　「体つくり運動」は、多様な運動経験を積ませることを目指した領域です。いろいろなゲームをとにかく遊び感覚で思いっきり楽しむことが、何よりも大切になります。誰でも簡単に楽しめて、もっとやりたい！と夢中になる、まさにアミューズメントパークのような魅力的な時間を体育でつくりましょう。

　ゲームを楽しんでいれば、子どもは自然と笑顔になります。友達とのコミュニケーションも増えます。そして、もっと上手にゲームができるようにいろいろな作戦や工夫を考え出します。ゲームに夢中になればなるほど、子どもの頭はフル回転します。だから、先生はとにかく「楽しいゲームと雰囲気を用意すること」に全力を注ぐことが大切なのです。

　では、楽しい雰囲気はどうやってつくるのでしょう？　最も重要なポイントは「勝ち負けに強くこだわらないこと」をクラス全員が理解することです。もちろん勝てばうれしいし、思いっきり喜んでいいのですが、仮に負けても「これはただのゲームなんだから」と思える気楽さが必要になります。楽しさが結果で決まるのではなく、体を動かすことやゲーム内でチャレンジすること、友達と会話することなど、結果とは関係のないところで楽しさを味わえるようにしたいです。この考えがクラス全体に浸透するまでは、先生が何度も語って伝え続けてください。

　そんな気楽で楽しい雰囲気の中で体育をすれば、誰でも間違いなく体育が大好きになります。みんなでわいわい盛り上がりながら、ゲームの中で多様な動きや運動感覚が味わえる時間にしていきましょう。本章では、クラスで楽しむのにぴったりなゲームを多数紹介していきます。

思いっきりボールを投げ当てろ！
ストラックアウト

5〜10分
全学年

ラックに並んでいるボールに、ボールを投げ当ててうち落とそう。腕を大きく使って投げる動作やコントロールが楽しみながら身に付きます。

> **必要な道具：**片手で握れて投げやすい大きさのボール 10 〜 15 個・バスケットボールラック・的用のボール 20 〜 30 個（大きさや重さはいろいろあるといいです）

うまくねらってボールを落とそう！

基本ルール

❶ 6 〜 8 人でラック 1 台、乗せるボールは 10 〜 12 個程度がよい。

❷ 3 〜 5 m 離れた場所からラックに並んだボールをめがけて投げる。

❸ 投げたボールは自分で拾う。

❹ 全部のボールを落としたら、自分たちでまたラックに並べ直す。

❺ 同時にプレーするのは 5 〜 10 人程度。何度も交代しながら遊ぶ。

子どもが考えるポイント

☑ いろいろな高さをねらって投げ方を調整する経験ができます。

☑ ボールを拾っている友達がいるときは投げないなど、安全に楽しめるような ルールを考えさせましょう。

☑ 投げるのが苦手な子でもボールを打ち落とせるように、投げる位置や的との 距離を調整させましょう。

もっとゲームを楽しくする!

チーム対抗の早当て合戦

　1 チーム 4 〜 6 人で編成します。全部のボールを落とすまでの速さを競う協力 ゲームです。ラックへのボールの並べ方を対戦チームに決めさせてもいいですね。 勝負となると子どもたちは必死になるので、投げる位置が前に出すぎていないか、 ボールを拾っている子にぶつけないかなど、ルールや安全はきちんと守るように 声かけをしましょう。

的の高さや当てたボールの種類でポイントゲット

　ラックの何段目にあるか、どんな種類のボールを落としたかなどによってポイ ントを決めて、何点取れたかを競う個人戦にしても盛り上がります。「一番下の 段は 5 点」「1 つしかない赤いボールは 10 点」など、どのようにポイントをつけ るかは子どもたちと相談して決めましょう。

木登りするおさるさんをねらえ！

モンキーハンティング

肋木に登っている相手をめがけてボールを投げ当てよう。登っている人は移動したり体を振ったりしながらボールをよけよう。ねらった場所に投げる力や体を支える握力なども自然と高まります。

必要な道具：やわらかいボールまたは玉入れ用ボール 20 個・ビブス 4 枚

肋木の上でボールをうまくよけよう！

基本ルール

❶的になる役はビブスを着て肋木に登る（2〜4人。一面につき1人が適切）。
❷ビブスをめがけて決められたラインからボールを投げる（3〜5人がよい）。
❸投げたボールは自分で拾う。
❹「当てたら交代」や「1分間で交代」などのルールで交代していく。

ここに注意

☑万が一の落下の事故防止のため、下にはマットを敷きます。
☑片手で肋木をつかみ、振り返って手でボールをはたき落とすなど、よける以外の行為については、何ができるかを共通理解しておきましょう。
☑このゲームは一度に参加できる人数が多くないので、他のゲームと組み合わせながら交代制で回るステーション方式で行うのがおすすめです。

子どもが考えるポイント

☑肋木の上ではどんな体勢がよけやすいのか。
☑動き続けるのとボールが来た瞬間に動くのと、どちらがよけやすいのか。
☑フェイントを入れながら、どんなタイミングで投げたら当てられるか。

もっとゲームを楽しくする!

チーム対抗の早当て合戦

　1チーム5〜8人で編成します。まず1チームが肋木に登り、他のチームがボールを投げます。ビブスにボールが当たったら肋木から降り、全員にボールを当てるまでのタイムを競うゲームにすると、応援に力が入って盛り上がります。

背番号でポイントゲット

　ボールを当てたビブスの背番号がそのまま得点になるというルールにすると、より狙いに集中するようになります。制限時間内の合計得点を競うチーム戦にしてもおもしろいでしょう。投げる側がチームで狙いをしぼったり、逃げる側も高得点のビブスを守る陣形をとったりと、戦略性が生まれます。

5〜10分 全学年

はじき返しながらゴールを守れ!
ハンドピンボール

ボールが股の間を通らないように転がってきたボールをひたすら手ではじき返そう。複数のボールで楽しさアップ! ボールの位置を把握する認知力の向上と足腰の筋力強化が見込めます。

必要な道具:ボール2個 (大きさは自由ですが、小さいほど難易度が上がります)

ボールが輪の外に出ないように力加減に気をつけよう!

基本ルール

❶ 1 グループは 6 〜 12 人が目安。各グループある程度、離れた位置に広がって行うようにする。

❷ グループ全員で円をつくり、円の中心を向く。

❸ 全員が肩幅以上に足を開き、両隣の人と足の外側を合わせて壁をつくる。

❹ 2 つのボールを円の中で転がし、自分の前に来たらパーではじき返す。

❺ ボールが股の間を通過するか、はじいたボールが円の外に飛び出したらアウト。アウト数は自分たちで数える。

❻ 1 ゲームは 2 分間。ゲーム終了時にアウト数が最も少ない人の勝ち。

子どもが考えるポイント

☑ 2 つのボールの行方を同時に追わなければならないので、自然と視線がよく動いてすばやい状況判断が求められます。

☑ ボールを追いかけながら、攻める場所も探す必要があります。わざと目線を逸らして打ち返すなどのかけひきも生まれてきます。

もっとゲームを楽しくする!

ボールの数を増やしてみよう

ボール 2 つで慣れてきたら、ボールの数を増やしてみましょう(最大 4 つ)。ボール同士がぶつかって動きが複雑になるなど、より瞬発的な判断が求められるようになります。

全員後ろ向きからスタート!

全員が円の外側を向いて立ち、股の間から円の中をのぞきこむようにしてこのゲームをやってみましょう。視野がより狭くなるので、難しさとハラハラ感がアップします。アウトになった人から円の内側に向きを変えるようにすると、勝ち残っている人ほど難しくなるので、アウトの数のバランスもとれますね。

跳ね返ってくるボールを見て!

壁当て
リアクション

🕐 5〜10分
全学年

壁に当たって跳ね返ってきたボールに合わせて、出された指示の通りに動くゲーム。反応速度のアップと、視覚情報と身体操作のスムーズな連動ができるようになります。

必要な道具: 2人組でボールとフラフープを各1個 (バスケットボールやドッジボールのような弾みやすいボールがおすすめ)

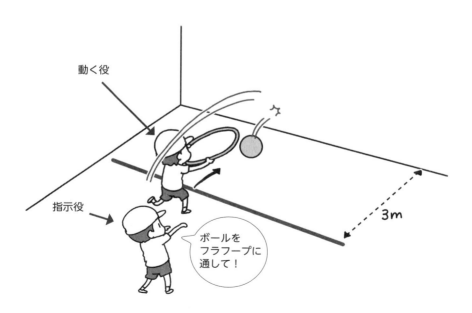

動く役

指示役

ボールをフラフープに通して!

3m

ボールをよく見て反応しよう!

基本ルール

❶ 2人1組になるようにして、2人のうち1人が「動く役」になり、壁から3m
　離れた位置に壁に向かって立つ。

❷ もう1人の「指示役」はその背後に立ち、動く役の人に指示を出してから、背
　中側から壁に向かってボールを投げる。

❸ 動く役は壁を向いたまま、跳ね返ってきたボールに対して指示通りの反応を
　する。

❹ 主な指示：①跳ね返ってきたボールをキャッチしよう。
　　　　　　②跳ね返ってきたボールをよけよう。
　　　　　　③跳ね返ってきたボールを持っているフラフープに通そう。

❺「5回投げたら交代」「1分間で交代」など短時間で役割を交代してくり返す。

子どもが考えるポイント

☑ 跳ね返ってきたボールをよく見て、適切な立ち位置にすばやく移動すること
　が必要になります。へそはずっと壁に向けたまま、サイドステップで反復横
　跳びのように動けるといいですね。

☑ ボールを投げる側は、壁の高い位置に当てたり、ボールの速さを変えたりして、
　いろいろな動きのボールが飛んでくるように投げ方を工夫してみましょう。

☑ 投げるのが苦手な子の場合は、2人ともさらに壁に近づくなど壁からの距離
　を子どもたちに考えてもらうとよいでしょう。

もっとゲームを楽しくする!

ボールを少しななめに投げると難易度アップ!

　はじめは背中側からまっすぐボールを投げますが、慣れてきたら投げる側が少
し左右に動いてななめにボールを投げてみましょう。壁に当たった位置により、
跳ね返ってくるボールの位置がずれるので、より反応が難しくなって盛り上がり
ます。投げる側も角度や高さなどの調整がさらに必要になってくるので、2人に
合う難易度を探りながら取り組んでみましょう。

高学年向け、複数のボールを一度に投げてみよう!

　4人組のうち3人がボールを投げる役になり、3人とも色や種類の違うボール
を持ち、3人が同時に投げます。その中で「赤のボールをキャッチ」「3つのボー
ルを全部よけよう」などの指示を出してチャレンジしましょう。

⏱ 5〜10分
全学年

走るか、つなぐか、
どっちが速いか

パス vs ダッシュ

ボール1つでできる簡単ボールゲーム。協力要素と対戦要素が両方あって楽しみやすく、パス＆キャッチのスキルや、重心を落として小回りに走る感覚も磨かれます。

> **必要な道具：ドッジボールまたは同程度の大きさのボール1個・フラフープ1本**

走る役と、他のメンバーが
ボールリレーをするのと、
どちらが速いかを競う。

他のメンバーはボールを
拾って円の中心を向いた
ときの右どなりの人に
ボールをパスしていく。

走る役はフラフープの中にボールを落と
して、円の周りを反時計回りに1周する。

次の人がとりやすいパスを出そう！

22

基本ルール

❶ 5〜8人でグループとなる。各グループある程度、離れた位置に広がって行うようにする。各グループの中で走る役を1人決める。

❷ 走る役以外のメンバーで円をつくり、1人の足元にフラフープを置く。

❸ 走る役はフラフープの中にボールを落として、円の周りを反時計回りに1周走る。

❹ 円状に並んだメンバーは、フラフープに落とされたボールを拾って、反時計回りにボールをパスしていく。

❺ 走る役が1周回ってフラフープに入るか、ボールが1周回ってフラフープの中にもどるか、速かったほうの勝利。

❻ 走る役を交代して何度もくり返す。

子どもが考えるポイント

☑ 円状に並んでいるメンバーは、互いのキャッチスキルを考えながら相手に取りやすいボールをパスできるように考えます。スピードは大事ですが、ボールを落としてしまうことが最大のピンチです！

☑ このゲームは、円が大きいほどパスは難しくなりますが、走る距離も長くなるのでプレッシャーをかけることもできます。自分たちのボール操作スキルと走る役の走力に合わせて、円の大きさを自分たちで考えさせましょう。

もっとゲームを楽しくする！

逆回り（時計回り）でやってみよう！

　陸上選手も野球選手も、みんな左にカーブする方向で走っていますよね？　実は、人の体は左側にカーブしやすいようにできているのです。そのため、右にカーブする逆回りだと、なかなか重心を円の内側に傾けられなくて走りにくくなります。そんな不思議な感覚を味わいながら、逆回りをやってみるのもいいですね！

パスは必ずワンバウンドさせる

　このルールをつけると、パスに時間がかかるので走る側がやや有利になります。ボールをちょうどいい場所にバウンドさせるのも1段レベルアップしたスキルなので、慣れてきた頃にチャレンジしてみるといいでしょう。

どっちがでるかな?

🕐 10〜15分
全学年

カラーボール ダッシュ

先生が投げたボールと同じ色のカラーコーンが置かれたゴールに走りこもう。全速力の中で一瞬の判断が求められるかけっこゲーム。すばやい判断力と方向転換するための重心移動をする力が高まります。

> **必要な道具:色違いのカラーコーン各2個・カラーコーンと同じ色のボール各1個**(同じ色のボールがない場合は、ボールの種類を変えて「赤いボールのときは緑のゴール」とはじめに確認すればOK)

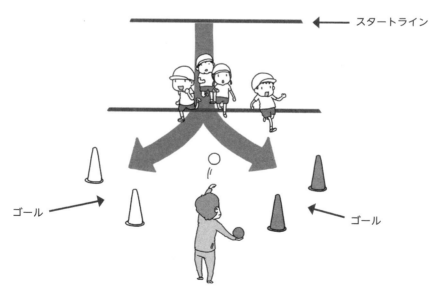

どっちに向かって走ればいいか、先生のボールの色で
判断して走り込もう!

基本ルール

❶ スタートラインを引き、スタートラインから 8 〜 10m のところに中間ライン を引き、スタートラインから 15m のところの右と左にカラーコーンでゴール を 2 つつくる。子どもの走る動線が Y の字になるようにカラーコーンを並べ る。ゴールにするカラーコーンは別々の色にする。

❷ 笛の合図でスタートラインから走り出す（4 〜 6 人がよい）。

❸ 途中のラインを超えたら先生が 2 色のボールどちらかを、子どもたちに見え るように投げる。

❹ 投げられたボールと同じ色のゴールに走りこむ。

❺ 先生がボールを拾って、笛の合図で次のレースがスタートする。

子どもが考えるポイント

☑「緑が 2 回続いたから、次は…」とスタート前に予測をするようになります。 子どもたちが予測して動くようになると、教師と子どものかけひきもできま すね。

もっとゲームを楽しくする!

ボールを投げる方向も大事

はじめは真ん中にボールを投げますが、慣れてきたら左右どちらかに寄せて投 げてみましょう。子どもたちは一瞬ボールが出た方向に行きますが、そこで色が 逆だと慌てて方向転換します。「ひっかけられた！」と思うと子どもが笑顔にな るので、こういうゲーム要素が大切です。

オプション①「違う色のゴールに走りこむ」

今度は逆にボールとは違う色のゴールを目指すようにすると、より難しくなり ます。ゲームに慣れてきた頃や、高学年での実践におすすめです。

オプション②「ゴールを3色にする」

左右だけでなく中央にもゴールを用意し、三択クイズにすると楽しみが広がり ます。ボールを 1 つ投げて同じ色のゴールに走りこむ、あるいはボールを 2 つ投 げて出ていない色のゴールに走りこむというルールにすると、とても盛り上がる でしょう。

| 🕐 5〜10分 全学年 |

すばやく手を動かして止めろ!
マーカーホッケー

腕立て姿勢を保ちながら、マーカーを手ですべらせてゴールをねらう。シンプルだけど、体幹の強さや腕支持の筋力が楽しみながら鍛えられます。

> 必要な道具：2人組にマーカー5枚（色は自由。枚数が足りなければ、3人組で5枚にして2人ずつ交代でやってもOK）

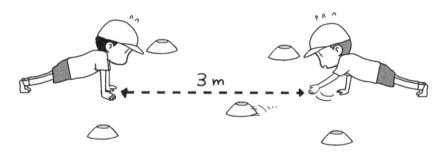

3 m

相手の様子を見ながらのかけひきもおもしろい!

本書で「マーカー」と呼んでいるのは
左の写真のようなマーカーのことです。

※ WannaTeachPE（Xアカウント）の「Cone Air Hockey」を参考にしました。

基本ルール

❶ 1対1で対戦する。お互いの間に3mほどの間隔をあけて、腕立ての姿勢で向き合う。

❷ マーカー2枚で幅2mのゴールをつくり、その間に手をつく。

❸ 笛の合図でスタート。1試合は30秒間。

❹ 片手でマーカーをすべらせて、相手ゴールを通過させる。

❺ ゴールのライン上で手をすばやく左右に動かしてマーカーを止める。

❻ マーカーをすべらせるときや止めるときにひざをついてはいけない（ひざをついたら相手に1ポイント）。

❼ 3人組になって、1人が審判役になってもよい。

子どもが考えるポイント

☑ 攻撃するときの狙い目は、相手の両手の右・真ん中・左の3か所。相手の重心がどちらの手にあるかを考えながら、速く投げたりななめにすべらせたりしてゴールを狙いましょう。

☑ 守るときは、とにかく予測が肝心です。すばやく反応するためにはなるべく体重を左右にバランスよくかけておきましょう。その姿勢の維持を意識するだけでも、バランス感覚や筋力の向上にかなりの効果が見込めます。

☑ 筋力が弱い子は、ひざをついてもいいです。その場合は、つま先が床につかない状態でひざを曲げましょう。

もっとゲームを楽しくする！

2対2のダブルスでやってみよう！

　ゴール幅を4mにして、その間に2人ずつ並びます。その他のルールはすべて一緒ですが、2人の間を狙ったり、よりななめに角度をつけてすべらせたりと、戦略の幅が広がります。2人のコミュニケーションも大切になってくるので、よりゲーム性が高まりますね！

大勢で円をつくって、マーカーを増やしてみよう！

　6人グループをつくって、マーカーで一辺2mの正六角形をつくります（8人なら正八角形）。それぞれのマーカーの間に全員が中心を向いて腕立て姿勢をつくります。マーカーは2〜3枚が同時に行き交うようにすると、さらに難易度が上がって盛り上がりますよ！

身を隠し近づいて的を射抜け!
サバゲー風 雪合戦

🕐 20〜30分

中・高学年

障害物に身を隠しながら、チャンスを見つけて相手のバトンをボールで打ち落とすゲーム。チームで作戦を立てて攻めていくなかで、雪合戦のようなスリリングな体験ができます。状況判断力とコミュニケーション力が高まるでしょう。

> **必要な道具:** リレー用バトン2本・ポートボール台2台・フラフープ2色各2本・玉入れ用ボール赤白各15個・障害物にできる物(跳び箱、ボールかご、ホワイトボード、長机など)

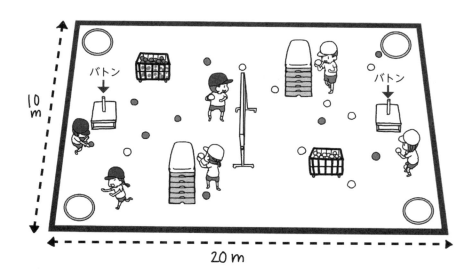

物陰に隠れながら、チャンスが来たら台の上の
バトンをボールで打ち落とそう!

基本ルール

❶ 1チーム6〜8人に分かれ、2チームずつ対戦する。

❷ 図のようにコートの両端にポートボール台を置き、その上にバトンを立てる。

❸ コートの四隅にはフラフープを置き、ボールかごや跳び箱などの障害物をコート内にランダムに並べる。

❹ コートの中は5人対5人。全員が3個ずつのボールを持ち、自陣のポートボール台に集まって試合を始める。控えメンバーはコートの周りに広がる。

❺ 障害物に身を隠しながら、相手のバトンにボールを投げ当てて、バトンを倒したら勝利。

❻ 一度投げたボールは、拾ってまた投げることができるが、色が違う相手チームのボールには触れられない。コートの外に飛び出たボールは、控えメンバーが拾ってコート内の味方へ返す。

❼ ボールを対戦相手に当てることもできる。当てられた人は、自陣のフラフープを踏むことで復活できる。フラフープにもどる途中で落ちているボールを回収してもよい。

❽ どちらかのチームのバトンが倒れたらゲーム終了。チームやメンバーを入れ替えて何度もくり返す。

子どもが考えるポイント

☑ 障害物や相手の位置を確認しながら、どこが安全かを考えて少しずつバトンに近づいていきます。

☑ 15個のボールを「攻撃用」と「撃退用」に分けて、攻撃と守備がバランスよくできるように工夫しましょう。

☑ 一度投げてしまったボールは安全な回収が難しいので、投げるタイミングやターゲットとの距離をきちんと見計らいましょう。

☑ ボールを回収するために「わざと当たる」ことが必要かもしれません。これも重要な作戦のひとつですね。

もっとゲームを楽しくする!

障害物を変えていろいろなステージをつくろう!

　このゲームは、障害物の大きさや配置で作戦がまるで変わってきます。安全に隠れるスペースも適度に必要なので、体育館にある大きな物をいろいろ並べてみましょう。何をどこに置くかは子どもたちと相談して決めてもいいですね。

みんなで知恵を出し合って **みんなでやろう協力ゲーム**

どうすれば早くなる？

🕐
10〜20分

全学年

ボール
デリバリー

エリア内に広がっているすべてのマーカーにボールを乗せたらゲームクリア！　クリアタイムが少しでも早くなる作戦をチームで考えよう。おたがいの能力を尊重したり、コミュニケーションをとろうとしたりする姿勢を養えます。

必要な道具：ティーボール用のボールやテニスボールのような小さいボール20個・マーカー20枚・フラフープ1本

どうしたら早くできるかチームで作戦を考えるのがポイント！

30

基本ルール

❶ 1チーム 4 ～ 8 人に分かれ、1 チームずつ順番に行う。

❷ エリア中央にフラフープを置き、全体にまんべんなくマーカーを広げる。

❸ ボールはすべてフラフープの中に集めておく。

❹ 笛の合図でスタートし、フラフープ内のボールをマーカーの上に乗せる。

❺ すべてのマーカーの上にボールが乗るまでのタイムを競う。

子どもが考えるポイント

☑ より早くボールを運ぶために、「遠くのマーカーから乗せていく」「ボールを投げてパスをする」「右と左に分担する」などの作戦を考えていきます。ボールとマーカーは同じ数なので、最後の 1 つを見つけるのが意外と大変です。コミュニケーションが特に重要なゲームになっています。

☑ マーカーの配置は対戦チームに考えさせましょう。なるべく遠くに置きたいけれど、密集させてしまうとボールを運びやすくなってしまうので、適度なバラつきが必要になります。時間がかかりそうな配置を考えることも、このゲームのおもしろさです。

もっとゲームを楽しくする!

ボールとマーカーを色で区別しよう

使用するボールやマーカーをすべて同じ色ではなく、それぞれ 2 色に分けます（または、ボールを 2 種類用意します）。マーカーの色とボールの種類を対応させて、「黄色マーカーには黄色ボール」という条件をつけると、さらに考える要素が増えて楽しくなります。

制限時間内に何個乗せられるか?

全部のマーカーに乗せるまでのタイムではなく、「30 秒間でどれだけ乗せられるか」のような時間制ゲームにしてもいいですね。また、「黄色マーカー 1 点、青色マーカー 2 点」などのように色分けをすると、ねらうマーカーの優先順位が変わるので作戦の幅も広がります。

ボールをマーカーの中に隠せ

全部のマーカーの中にボールを隠すというルールにしてもおもしろいでしょう。あとどのマーカーが残っているのかの判断が難しくなります。

ボールを止めないで！

🕐 10〜15分
全学年

コロコロ
耐久レース

ボールを止めずにひたすら手ではじいて転がし続けるゲーム。シンプルだけど、協力ができないとすぐにアウトになってしまうので、体験と作戦タイムを何度もくり返しながら考える力を高めましょう。

> **必要な道具：**ティーボールやテニスボールなどの小さいボール 20 〜 30 個・ボールがすべて入る大きさのかご（または箱）1 個

止まっているボールの近くで
先生が3秒数えたらアウト。

止まっているボールを
見つけたら動かしに行く。

1, 2…

実は必勝法があるこのゲーム！　どんな方法だとうまくいくかな？

基本ルール

❶ 1チーム 8 〜 10 人に分かれ、1チームずつ順番に行う。

❷ かごにボールをすべて入れて、かごの周りに全員が集まる。

❸ 先生がかごの中のボールをすべて床に広げてゲームスタート。

❹ ボールが止まらないように手で転がし続ける（足はダメ）。

❺ 先生は止まっているボールを見つけたら、そのボールの近くに立って 3 秒数える。

❻ 3 秒以内にボールをまた動かせたらセーフ。3 秒経ってしまうとアウトでゲーム終了。

❼ ゲーム終了までの継続タイムを競う（最大 1 分）。

子どもが考えるポイント

☑ このゲームは好き勝手な方向にボールを飛ばしてしまうと、遠くへ飛ばされたボールが放っておかれてあっという間にアウトになってしまいます。カギは「どこへ向かってボールを転がすか」です。実はこのゲームには必勝法があり、チーム全員で円をつくるようにして、すべてのボールをグループのメンバーが囲い込んでしまえば、無限に続けることができます。思わず夢中になる運動ですが、冷静に協力し合えるといいですね。

もっとゲームを楽しくする！

人数を減らしてチャレンジしてみよう

必勝法がわかったら、ボールを増やしても難易度はそれほど変わりません。でも人数を減らして円をつくりにくくすると、このゲームの難易度は高くなります。最低 4 人まで減らして、20 個のボールで何秒耐えられるかチャレンジしてみるといいでしょう。

おじゃまメンバーの追加登場！

2 個だけボールの種類を変えます。そして、他のチームからその 2 個のボールだけを好きな方向に飛ばせるおじゃまメンバーを 1 人だけ追加して、妨害させると盛り上がるでしょう。みんなで円をつくっても、おじゃまメンバーによってその円の外へボールを出されてしまうかもしれません。ボールを動かし続けながら、放り出されたボールの回収もしなければならないレベルアップしたゲームになります。

⏱ 10〜20分
全学年

渡して、走って、ぐるっと1周
ボールパスリレー

ボールを隣の人に渡したら列の後ろまでダッシュ！ ボールが1周するまでの最速タイムを目指す協力ゲームです。互いを思いやる心や、全員で作戦を共有して一体感を育むことができます。

必要な道具：ドッジボールまたはソフトバレーボール1個

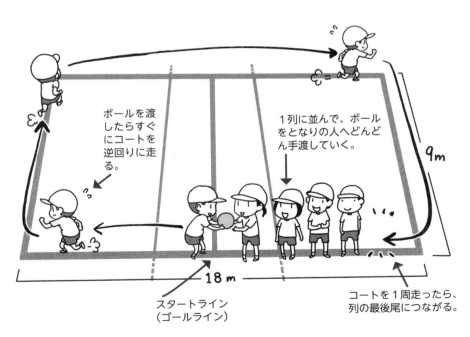

ボールを渡したらすぐにコートを逆回りに走る。

1列に並んで、ボールをとなりの人へどんどん手渡していく。

9m

18m

スタートライン（ゴールライン）

コートを1周走ったら、列の最後尾につながる。

みんなの協力で最速タイムを目指そう！

基本ルール

❶ バレーボールコートのライン上にクラス全員が１列に並び、先頭の人がボールを持つ。

❷ 先生の笛の合図でスタートし、振り返ってとなりの人にボールを渡す。ボールは投げてはいけない。必ず手渡しをする。

❸ ボールを渡したら、コートのライン上を逆走し、すばやく列の最後尾につく。

❹ ボールを受け取ったら、すぐに次の人にボールを渡して走り出す。これをくり返して、ボールがスタート地点にもどってきたらゴール。

❺ クリアタイムが短縮できるように、クラス全員で作戦を考える。

子どもが考えるポイント

☑ 最も重要なポイントは、並ぶ列の間隔です。ボールを投げずに手渡しで届くギリギリの距離を空けながら、なるべくゴールまでに必要な人数を少なくできるように広がって並びましょう。

☑ このゲームがねらうもう１つのポイントは、「どのようにクラス全体で作戦を共有するか」です。よりタイムが縮まる作戦を話し合うときに、どのような隊形で話し合うか、誰が仕切るか、結論をどうやって周知するかなど、この話し合い場面にこそ集団づくりのきっかけが多く詰まっています。

もっとゲームを楽しくする!

ボール以外の物でもチャレンジしてみよう

　カラーコーン、かご、フラフープなど、渡す物をいろいろと替えてみましょう。使う道具の大きさや重さ、つかみやすさによって、並ぶ間隔や渡し方も変わってきます。それぞれに最適なやり方を見つけさせたいですね。

クラスを半分に分けて対抗戦

　全員での協力も大切ですが、クラスを半分に分けて紅白対抗戦にするとより一層盛り上がるでしょう。１回の勝負では終わらずに、使う道具を変えた３回戦の合計タイムで競うなどすると、それぞれの作戦にも熱が入って思考やコミュニケーションがより活発になります。

みんなで知恵を出し合って **みんなでやろう協力ゲーム**

アイテムをどう使う？

🕐 15〜20分
中・高学年

スティック＆ボール

スティックしか使えない中でどうやってボールを運ぶか？　知恵を出し合ってゴールを目指すチームビルディングゲーム。柔軟な発想力とコミュニケーション力が試されます。

必要な道具：1m程度のスティック人数分・バスケットボール各チーム1個

アイテムをどう使って運ぶといいかな？

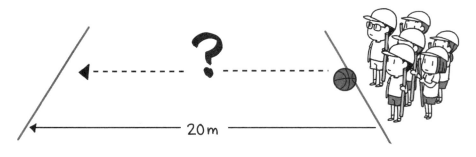

20m

運び方①

スティックで床にレールをつくり、そのレールの上を転がしてボールを運ぶ。

運び方②

ボールをスティック2本ではさんだまま、スティックごとバケツリレー形式で渡していく。

基本ルール

❶1チーム6～8人になるようにクラスを分ける。全チーム同時に実施。

❷各チームに人数分のスティックとボール1個を用意し、スタートラインの後ろに立つ。

❸笛の合図でスタートし、3つの条件を守ってボールをゴールラインまで運ぶ。
　①ボールにはスティックでしか触れられない。
　②ボールを床につけてはいけない。
　③ボールをスティックで触れている人は、歩いて進んではいけない。

❹途中でボールを落としたら、落ちた場所から再開する。

子どもが考えるポイント

☑はじめはなかなか進めないチームが多いでしょう。ボールをはさんでパスしたり、スティックでレールをつくってボールを転がしたりといろいろ試す中で、最適な方法を考えさせましょう。

☑あるチームがよい方法を見つけたら、それを全体に共有することも有効な場合があります。そのアイデアをベースにして、スピードを高めたり、さらに効率よく運べる方法を考案したりするかもしれませんね。

もっとゲームを楽しくする!

子どもの思い込みをくずしてみよう!

　なかなかアイデアが生まれない場合、子どもの中には次のような思い込みがあると思われます。
　　• スティックは1人1本持たないといけない
　　• スティックは必ず手で持つ
　　• スティックでボールを運ばないといけない
　これらはルールでは何も指定されていない、子どもたちの思い込みです。
　これらにこだわる必要はないことを伝え、スティックのより効果的な使い方を考えさせましょう。例えば、
　　• 2人で2本のスティックの両端を持つ
　　• スティックを床に置く
　　• ボールをスティックに乗せて、スティックごとまとめて運ぶ
などに気がつくと、上手に運べるヒントになるかもしれません。子どもたちのより柔軟な発想を引き出しましょう。

🕐 **10〜15分**

全学年

人の間をくねくね

スネークリレー

人でつくった道の間をくねくね進みながらボールを運ぶゲーム。せまいスペースを上手にすり抜ける身のこなしと、最速を目指すためのコミュニケーションが磨かれるゲームです。

> **必要な道具：ドッジボールまたはソフトバレーボール1個**

ボールをとなりの人に手渡ししてもよい。

移動する人はすべて人の間を通って進む（ボールを持って進んでもよい）。

先頭に出たら、となりの人と足を合わせて立つ。

ボールが早くゴールに届く方法を考えよう！

基本ルール

❶ 1チーム5〜6人となるようにクラスを分ける。全チーム同時に実施。

❷ 全員がスタートラインの後ろに立ち、笛の合図でスタートする。

❸ となりの人と足と足を合わせてつながり、人の道をつくる。

❹ 道を進むときは必ず人の間を抜けていく（道の横を直進していきなり奥までは進めない）。

❺ 道をつくり続けながら、ボールを早くゴールラインまで運んだチームの勝利。

❻ ボールを持って進んだり、手渡ししたりしてもいいが、投げてパスしてはいけない。

子どもが考えるポイント

☑ 道をつくるときはなるべく大きく足を広げたほうがいいですね。間を通りやすくなり、ゴールラインまでに必要な人数も少なくすることができます。

☑ 道を進む人がボールを持って進んでもいいし、道になっている人が手渡しでボールを送ってもいいです。ボールがゴールラインに着いた時点で終了なので、どちらがより早く着けるかを考えさせましょう。

もっとゲームを楽しくする!

ボールを2個にしてみよう

　各チームが運ぶボールを2個にして、さらに「同じ人が2個同時にボールを持てない」というルールを追加します。よく考えて運ばないと、途中でボールが同じ場所に集まってしまうので、より複雑さが増して思考が促されます。

足ではなく手でつながってみよう

　道をつくるときに、足を合わせるのではなく広げた手を合わせるようにしてみましょう。そうすると、道を進むときはその手をくぐらなければならないため、進むのがやや難しくなります。また、道の人は手がふさがれるので、進む人がボールを運ぶしかありませんが、進んだ後は自分が道になるため誰かにボールを預けなければいけなくなります。今までやれていたことができなくなると、さらに思考が進むので、このようなルールの追加や変更はおすすめです。

運び方を工夫しよう

🕐 **15〜20分**

全学年

なんでも
パスリレー

指定された道具をバケツリレー形式でゴールまで運んでいくゲーム。人数や道具の形・大きさ・数などで変わる最速方法をみんなで探そう！ 自然と会話も弾んでコミュニケーションが深まるゲームです。

> **必要な道具:運ぶ道具(例:(各チームに)ドッジボール3個・ドッジビー2個、大きなカラーコーン1個・ポートボール台1台など)**

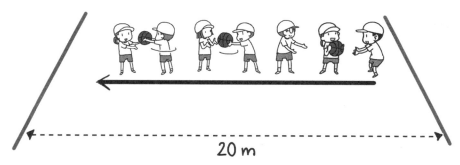

20 m

道具をすべてゴールラインまで運べたらクリア。

チームで列をつくって、バケツリレー形式に道具を運んでいく。

スタートラインより後ろに全員並んだところからゲーム開始。

みんなのコミュニケーションで運び方を考えよう！

基本ルール

❶1チーム6〜10人にクラスを分ける。すべてのチームが同時に実施。

❷すべてのチームにそれぞれ同じ運ぶ道具を用意して、スタートライン上に並べ、全員がその後ろに立つ。

❸笛の合図でスタートし、3つの条件を守って道具をゴールラインまで運ぶ。

　①道具を持っている人は足を動かせない。

　②道具を投げてもよい。

　③道具を地面につけてはいけない（落としたら投げた位置からやり直し）。

❹道具を持っていない人の移動は自由。

子どもが考えるポイント

☑チームの人数や、道具の種類や数で作戦が大きく変わります。例えば、6人チームの場合

　・「ドッジボール3個」なら

　①1列に並んでボールを1個ずつバケツリレー

　②2人1組で1個のボールを投げてパスしながら進む

　・「大きなカラーコーン1個」なら少し広めに1列に並んでバケツリレー

　・「ポートボール台1台」なら

　①1列に並んでバケツリレー

　②2列に並んで間をバケツリレー（2人で同時に持つ）

☑投げてパスができれば速いですが、落としてやり直しになるリスクもあります。道具が複数個ある場合は、チーム内をさらに小グループに分けたほうが速いかもしれません。「これはどう運んだら速いかな？」と子どもに挑戦状を出す気持ちで道具を選びましょう。

もっとゲームを楽しくする！

水をこぼさずに運べるか？

　運ぶ道具として、水をギリギリまで入れたふたのないペットボトルを各チームに1本用意します。制限時間は30秒で、なるべく水をこぼさないようにゴールラインまで運びます。30秒以内にゴールができれば、速さは問いません。ゴールした時点で一番多く水が残っていたチームの勝利になります。こんなアレンジゲームもおもしろいですね。

自分の色で塗りかえろ！

カラーボール
バトル

🕐 **15〜20分**

全学年

台上にある相手のバトンにボールを投げ当てて、台から落とせたら自分の色のバトンに置き換えられる。自分の色に染めていく人気ゲームのような陣取り合戦を楽しもう！　楽しみながら思い切り投げる力も自然と身に付きます。

> **必要な道具：カラーボール2色（なければ玉入れ用の赤白玉でOK）各20〜30個・バトン2色各6個・ポートポール台4台**

台の上にある相手チームの色のバトンにボールを当てて落とす。

相手チームのバトンを落としたら、近くにある自分のチームのバトンを台の上に置く。

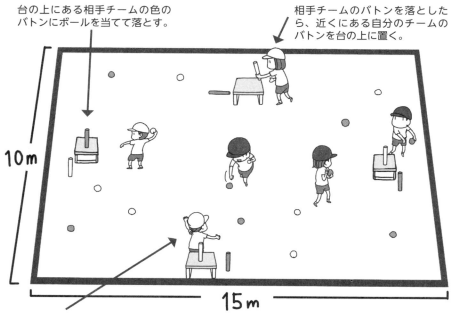

10m

15m

バトンの前に立って、ボールが当たらないように守ってもよい。

投げるのを楽しみながら陣取り合戦をしよう！

基本ルール

❶ 1チーム4〜5人に分かれる。2チームずつ順番に対戦する。

❷ 10m×15m程度のコート全体にポートボール台を並べ、すべての台のすぐ横に両チームのバトンを1つずつ置く。

❸ 各チーム2つの台の上に自分の色のバトンを乗せて、ボールを持ってコートの周りのラインの上に広がる（ライン上ならどこでもよい）。

❹ 先生の笛の合図でスタートし、ボールを投げ当てて相手のバトンを落とす。

❺ 相手のバトンを落としたら、空いた台の上に自分のバトンを乗せる。

❻ コートの外に出たボールは投げた人が拾い、コートの中に戻って再び使える。

❼ 制限時間は2分。最後に台の上のバトンが多いほうの勝ち。

子どもが考えるポイント

☑ このゲームでは、チームの協力と役割分担がカギになります。単独行動か、ペア行動か、はたまた全員でまとまって1つずつ攻めるのか。もしかしたらキーパーのような守備役を立てるかもしれません。持っている陣地の個数によっても作戦が変わると思うので、ゲーム中も常に会話をしながら判断することが求められます。

☑ 残り時間も意識した戦い方ができるとなおよいですね。2分経った時点での勝負なので、時間の使い方も戦術を考えるひとつのポイントになります。

もっとゲームを楽しくする！

3チームで同時バトル！

　ポートボール台を6台に増やして、バトンを3色にして2個ずつ乗せた状態からスタートしましょう。はじめの2個を必死に守るのか、相手から陣地を奪いに行くのか、よりチーム内の分担や作戦が重要になる難易度高めのゲームになります。1試合への参加人数も増えるので、道具がそろうならぜひやってみましょう！

抜群の破壊力「ビッグボール」を追加しよう！

　各チームに1つだけ「ビッグボール」としてバスケットボールを追加してみましょう。バスケットボールは大きくて重さもあるので、相手のバトンを一発で打ち落とすことができます。アタックが強化される分、相手にビッグボール攻撃をさせないような守備戦術も生まれるかもしれません。より攻防が激しくなって盛り上がるオプションです！

どっちが多いかな？
マーカーオセロ

🕐 10〜15分
全学年

マーカーをひたすらひっくり返し続けるシンプルなゲーム。単純な動きでも、チームの作戦次第で大きく差がつきます。逆さのマーカーをすばやく見つける認知能力や下半身の筋力アップにもつながるエクササイズです。

> **必要な道具：マーカー30枚（参加人数の3倍程度がよい）**

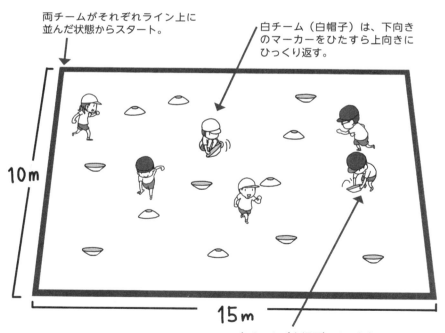

両チームがそれぞれライン上に並んだ状態からスタート。

白チーム（白帽子）は、下向きのマーカーをひたすら上向きにひっくり返す。

10m

15m

赤チーム（赤帽子）は、上向きのマーカーをひたすら下向きにひっくり返す。

作戦次第で大きく差がつく！

基本ルール

❶ 1チーム4〜8人に分かれる。2チームずつ順番に対戦する。

❷ 10m×15m程度のコート全体にマーカーを広げる。半分は上向きに、もう半分は下向きに置く。

❸ 両チームがコート脇のライン上に並んだら、笛の合図でスタート。

❹ 片方のチームは上向きのマーカーを下向きにひっくり返し、もう片方のチームは下向きのマーカーを上向きにひっくり返す。

❺ 制限時間は1分。自分たちの向きのマーカーが多いほうの勝ち。

❻ 人数や対戦相手を変えて、何度もゲームをくり返す。

子どもが考えるポイント

☑ シンプルな動きだからこそ、チームごとの作戦が結果に大きく影響します。コート全体を区分けして担当エリアを決めたり、とにかくスピード重視で動き回ったりと、各チームのスタイルがよく表れます。ゲーム体験と作戦会議を短いサイクルでどんどんくり返し、トライ&エラーを重ねさせましょう。

☑ より多くのマーカーを返すためには、探す時間を短くしなければなりません。「ひっくり返しながら次のマーカーを探す」や「相手を尾行して返されたマーカーをすぐ戻す」など、ここにも個人的なコツを見つける子どもが出てくるでしょう。

もっとゲームを楽しくする!

マーカーの色を指定してみよう

マーカーを2〜3色用意します。一人ひとりに「○色しかひっくり返せない」と担当の色を決めたり、「赤→青→黄→赤…の順でしかひっくり返せない」と色の順番を指定したりすることで、次のマーカーを探す難しさがアップします。慣れてきた頃におすすめの追加オプションです。

目隠しでできるかな?

チーム内でペアをつくります。ペアのうち1人が目隠し(赤白帽子を深くかぶればOK)をして、相方が腕を持ってコート内を誘導します。目隠しした人だけがマーカーをひっくり返せるという条件で、このゲームをやってみましょう。相方をより上手に誘導できたチームが有利になるので、コミュニケーションがどんどん活性化します!

🕐 5〜10分
全学年

3人で息を合わせて！
黒子おにごっこ

自分の行きたいところを仲間に伝えてフラフープと一緒に連れて行ってもらおう。息を合わせて動くことを味わうコミュニケーション必須のアイスブレイクゲーム。相手に合わせて運動を楽しむ態度が養えます。

> **必要な道具：フラフープを3人で1本・おにの目印になる物（ボールやビブスなど）・タイマー**

「おに」である目印として
ビブスを手に持つ。

中の人が赤帽子
外の2人が白帽子

フラフープの中に入っている人同士でおにごっこをする（フラフープを自分では持たない）。

両脇の2人は黒子で、フラフープを持ち、フラフープの中の人が自由に走り回れるようにサポートする。

3人の息を合わせて動こう！

基本ルール

❶ 3人組になって1人がフラフープの中に入り、赤帽子をかぶる。両脇の2人は白帽子をかぶり、フラフープを持つ。この3人で1チームになり、他のチームとおにごっこをする。両脇の2人は黒子となり、フラフープの中の人が誰かを追いかけたり、逃げたり、タッチしたりするのをサポートする。赤帽子の人同士でおにごっこをする。白帽子の人はタッチされないし、タッチすることもできない。

❷ 1回のゲームは1分～1分30秒を目安として、中の人や3人組をどんどん交代しながら何度もゲームをくり返す（タイマーがあるとよい）。

❸ 10組のうち3組くらいをおにとし、目印となるボールやビブスを手に持つ。中の人をタッチしたら交代とする。

子どもが考えるポイント

☑ どこに逃げようか相談したり、スピードの調整や曲がる・止まるの合図を出したりと、3人がずっとコミュニケーションを取り続けることができます。

☑ 3人がお互いのスピードや運動能力を意識して、思いやりをもって運動を楽しめるようになります。

もっとゲームを楽しくする！

ペナルティをつけるとハラハラ感がアップ！

　ゲーム終了時におにだったり、移動中に3人が離れたりしたら、ペナルティをつけると盛り上がります（例：3人で手をつないでスクワット5回、抱え込みジャンプ3回など）。3人で協力しようという気持ちが高まるルールを子どもと一緒に考えましょう。

フラフープの中の人は目隠し

　フラフープの中の人は、帽子を深くかぶって目隠しをしましょう。フラフープを持つ2人の声をよく聞きながら、「見えない人」同士でやるおにごっこは、一体どんなゲームになるのでしょうか。

安全な場所を奪い合え！

押し出しおにごっこ

🕐 5〜10分

全学年

地面に置いたフラフープの中に2人でいれば安全！　だけど、3人目が来たら1人は移動しなきゃいけない。安全な場所を奪い合いながらおにから逃げるゲームです。走る・止まるの連続で、自然と体力が高まります。

必要な道具：フラフープ5〜10本・おにの目印となるビブス3〜5枚

フラフープの中にいるとタッチされない。フラフープに入れるのは2人まで。

おには外に出ている人だけを追いかけてタッチする。タッチされたらおには交代する。

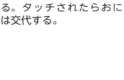

3人目がフラフープに入ってきたら、もともとフラフープに入っていた2人のうち1人はフラフープから出て移動する（先にフラフープにいた人が出る）。

全体を見渡して動くのがポイント！

基本ルール

❶ 20人の集団ならフラフープ5本、おに3人程度がちょうどよい（おにはビブスを手で持つ）。

❷ フラフープをエリア全体にバランスよく広げて地面に置く。

❸ フラフープの中はタッチされないが、1つには同時に2人までしか入れない。

❹ 3人目がフラフープに入ったら、一番長くいる人が出なければならない。

❺ おにはフラフープの外にいる人だけを追いかける。おににタッチされたら、おにを交代してビブスをもらう。

子どもが考えるポイント

☑ おにの位置を見ながら、どこのフラフープに逃げるのが一番早いかを考えて安全な場所を選びます。

☑ おにのときは「フラフープから押し出された直後」が捕まえるチャンスです。追いかけながら、フラフープの中にいる人のこともよく見ておきましょう。

もっとゲームを楽しくする!

オプションルール① 「フラフープには赤白1人ずつしか入れない」

ゲーム開始時に赤白帽子で全体を半分ずつに色分けをし、このルールを追加します。フラフープにいる長さに関係なく、自分と同じ色の人が来たら自動的に押し出されてしまうので、おににとって狙いやすくなります。

オプションルール② 「同じ色のフラフープには連続で入れない」

フラフープを2色用意して、このルールを追加します。押し出されたあと、同じ色のフラフープには入れないので、安全な場所が少なくなってしまいます。フラフープの中で休みながら、次に入れる場所を探しておく必要がありますね。

オプションルール③ 「フラフープの中では座る」

このルールをつけることで、押し出される人がスタートしづらくなって捕まるリスクが上がります。押し出された瞬間を狙われるハラハラ感が、ゲームのおもしろさをさらに高めます。

猛獣たちをねむらせろ！

バックホーム おにごっこ

⏰ 10〜15分
全学年

ボールがフラフープから出ると猛獣たちが暴れてしまう！ すばやくボールを拾って、おにから逃げながらボールをフラフープ内に戻すおに遊び系ゲーム。バッティングやボールパスなどのボール操作も経験できるので、ベースボール型の導入としてもおすすめです。

> **必要な道具：ティーボール用ティー・バット・ティーボールまたはドッジボール・フラフープ各１個・必要に応じてタイマー**

おにの１人がバットでボールを打つ。おにがボールを打ったら全員一斉に動き出す。

ボールがフラフープに戻されるまで、おには多くの人をタッチする。逃げる人はできるだけ早くボールをフラフープに戻す。

おにから逃げるか！ ボールを運ぶか！

基本ルール

❶ 20人の集団なら、おには3人程度がちょうどよい（おには赤帽子）。

❷ 地面に置いたフラフープの中にティーを立てて、おにの1人がバットでボールを打つ。

❸ すべてのおにはティーの後ろに並び、バットでボールを打ったら一斉に動き出す。

❹ ボールを打ったおには、バットをその場に置いて追いかけ始める。

❺ おにはボールがフラフープに戻されるまでの間に、より多くの人をタッチする。

❻ 逃げる側はティーから10m離れたラインの上に立ち、ボールが打たれたら逃げ始める。

❼ 逃げる側はおにから逃げながら、ボールを拾ってフラフープ内に戻す（パスでつないでもよい）。

❽ おににタッチされた人は、その場に座って動けなくなる。

❾ ボールがフラフープに戻された瞬間にゲーム終了。おにを交代してくり返す。

子どもが考えるポイント

☑ 逃げる側は、いかにして早くボールをフラフープに戻すかを考えます。おにには捕まりたくないけど、誰かがボールを拾わないといけない状況が、勇気をもってチャレンジする精神を高めます。

☑ おには、追いかけまわす役割とフラフープ付近で待ち構える役割を分担することもできます。ボールを近づけないように積極的に追うか、フラフープの周りを厚く守るか、作戦の幅も広がります。

もっとゲームを楽しくする!

　おにが打った後、ボールをフラフープに戻すまでの制限時間を決めてみましょう。「1分以内に戻さないとおにの勝ち」と時間を決めると、ただおにから逃げるだけよりもボールを戻すことへの積極性が高まり、逃げる側も作戦を立てて協力し始めるでしょう。

ボールを輪にとおせ！

🕐 5〜10分
全学年

輪っかおに

タッチではなく、フラフープにボールを通されたら交代のおにごっこ。おにに近づかれてからもフラフープを動かしてボールをかわす攻防がおもしろいゲーム。走るときに腕を振れないので脚力がつき、ボールからフラフープを遠ざけるための空間把握能力も高まります。

必要な道具：フラフープを逃げる人数分・ボールをおにの人数分

フラフープにボールを通されたら、おにを交代する。

フラフープでいかにボールをかわすかがおもしろい！

基本ルール

❶ 20 人の集団なら、おには 5 人程度がちょうどよい。

❷ おに以外の人は 1 人ずつフラフープの中に入って、フラフープを持ったまま逃げる。

❸ おにからボールをフラフープの中に通されたら、フラフープを渡しておにを交代する。

❹ おにはボールを遠くから投げて入れてはいけない。

子どもが考えるポイント

☑ 体とフラフープのすき間をおにから遠ざけるようにフラフープを動かしてボールをかわします。

☑ おには相手のフラフープの動きを予測しながら、背中側からボールを通したり、回り込んだりしてボールを入れましょう。

もっとゲームを楽しくする!

コートの広さが大切です!

このゲームは、おにが近づいてからのフラフープを動かすかけひきが醍醐味なので、コートはあまり広くないほうがおすすめです。20 人の集団なら、20m × 20m 程度のエリアがよいでしょう。

ボールはなるべく小さいほうがおすすめ!

使用するボールは、子どもが片手で握れるくらいの小さいボールがいいです。ボールを持ったまま普通に走れるだけでなく、背中側に腕を回してボールを入れる動きもできるようになるので、小さいボールほどおにが有利になります。

🕐 **15〜20分**
中・高学年

頭フル回転！
かけひきを楽しむ究極のおに遊び

よんすくみ

3つのチームでおにごっこをする「三すくみ」を4チームバージョンにアレンジしたゲーム。追うでも追われるでもない中立チームの存在がゲームをおもしろくする！　周りの状況を認知したり、リスクを考えながらチャレンジしたりする態度が養えます。

必要な道具：ビブス人数分（人数を均等にして4色に分ける）

すべてのチームが、中央を向いたときに左側にあたるチームを追いかけ、右側にあたるチームから逃げる。

黄　青　赤　緑

緑チームにつかまった赤チームは緑チームの円の外側から赤チームの円に向かって連なる（となりの人と足を合わせる）。同じ色の味方にタッチされたら解放される。

みんなで考えながら攻める・逃げる・助けるゲームです！

基本ルール

❶直径 4 m 程度の円を、10m 程度の間隔で 4 つ描く。

❷全チーム 6 人以上になるようにビブスで色分けする。

❸すべてのチームが、中央を向いたときに左側にあたるチームを追いかけ、右側にあたるチームから逃げる。

❹自陣の円の中はタッチされないが、相手をタッチすることもできない。

❺タッチされた人は相手チームの円の外側から自陣に向けて鎖状に 1 列に並び、味方の助けを待つ。味方がタッチすれば、その人は解放される。

❻追う相手を全員捕まえるか、終了時に一番多くの人を捕まえていたチームの勝利。

子どもが考えるポイント

☑「逃げる」「追いかける」「仲間を助ける」が常に同時に起こるので、どれをするのが一番良いのか考えながら行うおに遊びになります。

☑「どこにいるか」「誰といるか」「何人でいるか」で状況が大きく変わるので、足の速さはあまり関係なくなります。子どもたちは自分の安全を確保しながら、相手の捕獲や味方の救助ができるタイミングを探していきます。

もっとゲームを楽しくする!

対角のチームを「盾」として利用しよう

　例えば、緑チームは赤チームを追いかけ、青チームから逃げます。もし赤と青が一緒にいると、緑チームは青がいるのでなかなか赤に近づくことができません。同じように、青を捕まえたい黄チームも、赤がいるせいで青に近づきにくくなります。このように、対角にいるチーム同士が一緒にいることで、互いを「盾」にすることができます。

4色そろった瞬間のヒリヒリ感がたまらない!

　それぞれの対角チーム同士が行動を共にするようになり、4色が同じ場所にそろったときにこのゲーム最大のおもしろい局面が発生します。誰が最初に飛び込むか、じりじりと間合いのかけひきをする時間が最高にたまりません。

勝利するチームは1つだけ

　このゲームは、相手をより多く捕まえたチームだけが勝利するので、対角チームと協力ばかりしていてはいけません。対角チームを有利にさせすぎないように、ときには裏切りだって必要かもしれませんね。

ピョン！と跳んでピタッ！

フラフープ
ストップ

🕐 **5〜10分**
全学年

フラフープを蹴るという新鮮さときれいに着地できたときの気持ちよさが
やみつきになる、誰でもハマる超簡単ゲーム。動くものにタイミングを合
わせる協調力が高まります。

必要な道具：フラフープ（2人で1本）

①フラフープを相手に向かって足で
　すべらせるように蹴り出す。

②相手はすべってきたフラフープの
　中へジャンプして、着地してフラ
　フープを止める。

基本ルール

❶ 2人1組になって行う。フラフープを横にして置いて手や足ですべらせ、もう1人がタイミングよくジャンプしてフラフープの中に着地して、フラフープの動きを止める。

子どもが考えるポイント

☑ 2人の距離やフラフープのスピードを変えることで難易度を調整できます。

☑ 相手が止めやすいようにフラフープをすべらせる力加減を考えさせましょう。

もっとゲームを楽しくする!

2人で協力しやすいルールにしよう

制限時間内での成功回数や、連続成功回数、最長距離へのチャレンジなどのルールにすることで、相手が止めやすいようにすべらせる意識が生まれます。パスがきれいにつながったときのうれしさはとても気持ちがいいですよ。

止める側の人数を増やしてみよう

止める側に3〜5人がたてに並び、前から「1〜5番」と順に番号をふります。すべらせる人が「〇〇さん!」や「1番!」と呼んで、呼ばれた人がフラフープの中に着地して止めます。列の前の人がジャンプでよけながら、指名された人がピタッと中に着地して止められるとチームみんなで大喜びになります。

止められるもんなら止めてみろ!

まるでサッカーのPKのように、2人で対戦型のゲームにすることもできます。タイミングをずらしたり、スピード重視で高速にすべらせたりと、2人のかけひきが始まって別のおもしろさになります。そのときは、ちゃんと正面に蹴るように確認しましょう。

5〜10分

全学年

コーンにひっかけられるかな？
フラフープ輪投げ

フラフープを的に向かって転がす巨大輪投げ。的の近くでちょうどよく倒れるようなコントロールと調整力が磨かれます。

> 必要な道具：フラフープ（1人1本）・カラーコーン（グループに1個）

基本ルール

❶ 壁の前にカラーコーンを置き、5m離れた場所から手や足でフラフープを転がす。

❷ コーンにフラフープが当たったら1点、コーンにフラフープが入ったら2点。

❸ 投げたフラフープは自分で拾う。

❹ 3人1組で、2分間の合計得点を競う。

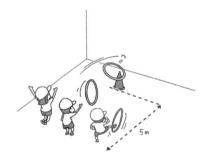

子どもが考えるポイント

☑ 壁に当たった後にうまくカラーコーンのほうへ倒れるように、フラフープの転がし方を調整します。

☑ 3人が同時に投げるので、互いに妨害しないようにタイミングを考えます。

もっとゲームを楽しくする！

小さなフラフープで得点2倍！

　各グループのフラフープを1本ずつ直径の小さなものに変更します。小さなフラフープだと難易度が上がるので、得点が2倍になるボーナスをつけると盛り上がります。小さなフラフープはみんなで順番に投げてもいいですね。

※ PE School (Garrett Stephens)（Xアカウント）の「HULA HOOP HORSESHOES」を参考にしました。

走り回る？　それとも跳ぶ？

5〜10分　全学年

ドッジ フラフープ

フラフープを蹴って中央の人に当てるゲーム。タイミングをはかる感覚とよけるために軽快に足を動かすステップ感覚を楽しみながら養えます。

> 必要な道具：フラフープ（グループに2本）

基本ルール

❶ 1人が中央に立ち、囲むように6〜7人で直径4mほどの円をつくる。
❷ フラフープ2本を蹴って中央の人に当てる。
❸ 30秒〜1分間は、何度当たってもよけ続ける。
❹ 中央の人を交代してくり返す。

子どもが考えるポイント

☑ 中央の人は360°どこからフラフープが来るかわからないので、ぐるぐる回りながらよけやすい立ち位置を探します。
☑ 蹴る側は、中央の人の動きを予測して、タイミングを合わせて蹴ります。

もっとゲームを楽しくする!

全員の手のひらをタッチできるか

　周りの人は、ゲーム中、片手を前に出しておきます。中央の人は、フラフープをよけながら全員の手をタッチできるかチャレンジします。まだタッチしていない人がフラフープを持っているとドキドキですね。

スタートとゴールを指定しよう!

フラフープドームくぐり

⏱ **5〜10分**

低・中学年

6本でドーム型に組み立てたフラフープを崩さずにくぐるゲーム。ギリギリのすき間を通るために、体の柔軟性と足先までの定位感覚が養われます。

必要な道具：同じ直径のフラフープ（グループに6本）

基本ルール

❶ 3〜4人でグループをつくって広がる。

❷ フラフープをドーム型に組み立て、順番にその中をくぐる。

❸ ドームを崩した人が、再びドームを組み立てる。

子どもが考えるポイント

☑ 動画のように組み立てればドームができますが、安定したドームにするにはより丁寧にバランスを取る必要があります。

☑ フラフープになるべく触れずにくぐるには手足をどの順番で動かせばよいのか、子どもたちはアスレチック気分で楽しみながら自分の体と向き合います。

もっとゲームを楽しくする!

グループ内で2チームに分かれて対戦します。相手チームに指定された入り口と出口でドームをくぐり抜けられるかチャレンジします。より難しいコースで、ハラハラ感が増すかもしれませんね!

※ Barb Borden（Xアカウント）の「Hula Hut Challenge」を参考にしました。

子どもと
一緒にルールを考える

　ゲームを中心にした体育を進めていく上で避けては通れないのが、ゲームのルールづくりです。ルールとは、「○○を制限する」と同時に「△△を保障する」ためのものでもあります。まずは参加者全員が楽しめるために何を保障するかを考え、次にそのためには何を制限すればよいのかを考えるという順序が大切です。

　例として、ドッジボールを考えてみるとわかりやすいでしょう。ドッジボールを全員で楽しむためには、「投げて当てる爽快感」と「速球が飛んでこない安心感」のどちらを保障したらよいでしょうか？　もちろんこれを決めるのは、参加する子ども自身です。これによって、投げ方を制限（＝よけやすく）するのか、逃げられる範囲を制限（＝当てやすく）するのかなど、ルールづくりの方向性が決まります。でも、これは個人の希望ではなく、集団の総意として決める必要があります。そのため、「このルールで楽しめる人はどのくらいいるのか？」と一緒に参加する仲間へ関心を向けるようになります。これこそが重要で、ルールを考えることは、相手の気持ちを考えることにつながるのです。

　「全員が楽しむチャンスを保障する」ためのルールづくりを子どもにも関わらせることで、相手を思いやる気持ちや、独りよがりな振る舞いをしない自制心を育むことにつながります。体育では、ゲームを楽しむ経験を通して心の面の発達にもつなげたいものです。

第2章

できる動きを
思いっきり楽しむ

器械運動
ゲーム

技の上達や習得を授業の中心にしなければ
こんなに楽しい器械運動になる！

　「器械運動」は、他の領域と比べても特に「できる楽しさ」にこだわりがちな単元です。全員が同じ技を練習することが中心で、楽しさを味わうために越えなければならないハードルが高く、一部の子どもにはつらい経験になってしまいます。できる子は好き、苦手な子は嫌いと、はっきりと分かれてしまうことも多いです。

　そもそも、「○○跳び」や「○○前転」などの技を習得する器械運動は、アスリートが行っている「体操競技」をモチーフにしたものです。体育はアスリート養成の場ではないので、全員に「難度の高い技」を求めるより、動きに楽しくトライすることを大事にしたいですよね。そこで、同じ器械運動の中でも、より多くの人に親しみやすいのが「パルクール」です。

　パルクールは、台や壁、棒などの障害物を自由な越え方で軽やかに動き回るアスレチックのようなスポーツです。運動に自信のある人は、テレビで人気の「ＳＡＳＵＫＥ」のような難しいコースにもチャレンジしますが、初心者でも自分に合った仕方で障害物を越えながら楽しめて、身のこなしや体重移動の感覚などを養えるので、近年人気が高まっています。

　本章は、そんなパルクール風の器械運動を紹介します。全員が同じ技に取り組むのではなく、同じ障害物でも一人ひとりが自分に合った動きで取り組めるので、全員に楽しむチャンスが平等にあります。また、「越えること」が目的なので、そこに美しさや正確さは必要ありません。少し目先を変えることで、器械運動はこんなに楽しくなります！

自分の好きな動きで動き回る

パルクール風マット・跳び箱運動

障害物を思い思いの仕方で乗り越えたり、くぐったりしながら進んでいく「パルクール」をモチーフにした器械運動。多様な動きを引き出すアスレチックコースをつくって、思わず「やりたい！」と声に出してしまうようなワクワク感が大切です。夢中に楽しむ中で、様々な動きの経験を積ませましょう。

> 必要な道具：マット・跳び箱・高跳び用エバーマット・平均台・ゴムひもなど（体育館にある資源をフル活用して、引き出したい動きに応じてコースをつくりましょう）

基本の進め方

❶ホワイトボードでコースの全体図を示し、全員で準備をする。
❷コース内の各エリアでその動きを説明する（実演できればよいが、できない場合は代表の子どもにさせてもよい）。
❸各エリアにバランスよく広がり、一斉にスタートする。
❹一度スタートしたら、しばらく止めずにコースを回り続ける（20 ～ 25分）。
❺感想を聞くなどの振り返りをして、全員でコースを片付ける。

子どもが考えるポイント

☑同じエリアでも、動きや越え方によって難易度が自由に調整できます。夢中になれば「次はどんなやり方をしてみようかな？」と自然に考え始めます。
☑楽しみながらも安全への意識を持たせることは特に肝心です。「けが人が出たら即終了です」とあらかじめ伝え、安全な楽しみ方についても考えながら活動させましょう。

コースづくりのポイント

①ぐるっと1周できる動線になっているか

　パルクールは下図のように、各障害物を1周して回れるように全体を配置します。スムーズに体験するには、全体が周回コースになっていることが大切です。1つのエリアが終わったら、次はどのエリアに行けばよいのかが簡単にわかること、子どもたちの動線が途中で重ならないことも十分に考えましょう。エリア間をフラフープでつないでケンケンパのように進ませるのも有効です。

②多様な動きが盛り込まれているか

　1つのコースにはだいたい4〜6個のエリアが目安となります。その中でどれだけたくさんの動きが盛り込まれているかをよく考えて組みましょう。バランス系やパワー系という区別や、跳ぶ・くぐる・つかむといった動きの種類など、様々な動作が発現するようにコースをつくりましょう。また、目線の高さよりも高い位置に行けるようなエリアを1つでも組み込めると、高さの変化が出てアスレチック感が増します。

③待機列ができないように流れるか

　スタート時は各エリアに均等に分かれますが、だんだん同じ場所に固まってきて列ができてしまうおそれがあります。列ができてしまう原因は、各エリアでの所要時間に差があることです。なるべくどのエリアも同じくらいのペースで進むように組み合わせを考えましょう。

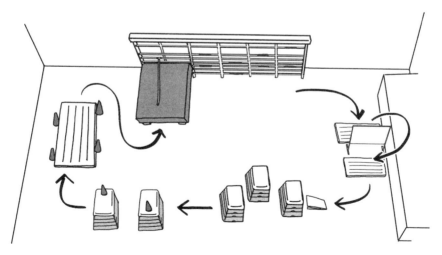

こんなふうに配置しよう！

おすすめエリアとその動きの例

●ぷるぷるマット渡り

マットをまたぐように腕立て姿勢をつくり、マットに触れないように手足を動かして横移動します。途中にカラーコーンを置いて、それをよけながら進むようにするとさらに難易度が上がります。腕支持や体幹の筋力アップや、バランス感覚を養う効果も期待できます。

体をめいっぱい使おう!

●レーザールーム

バドミントンの支柱などにゴムひもをかけ、くもの巣のように張りめぐらせます。子どもたちはゴムひもに当たらないようにゴールまで進みます。自分の体がどの位置にあるかという定位感覚や、イメージ通りに手足を操作するコーディネーション能力が磨かれます。

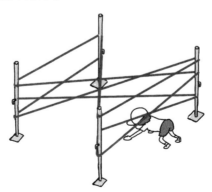

通りぬけるルートは見つかるかな?

●連続跳び箱

　跳び箱を1〜1.5mの間隔で2つ並べます。着地したらすぐに次の跳び箱が待っているので、動きの連動性が求められます。開脚跳びでももちろんいいですが、触れてはいけないカラーコーンを跳び箱の上に立てるだけで、いろいろな越え方を引き出せます。2つの跳び箱の高さを変えてもいいですね。

跳び越え方はなんでもいいよ！

●跳び石ジャンプ

　跳び箱を1〜1.5m間隔に3〜4台並べて、その上を飛び移りながら進みます。高さが出ると恐怖感が増すので、はじめは1〜2段だけでやるとよいでしょう。慣れてきたら高さを上げたり、高さを変えて段差をつけたりするといいですね。落ちても安心なようにマットを敷いておきます。

バランスをとりながら一歩ずつゆっくりと。

●平均台着地チャレンジ

　跳び箱の先に平均台を並べて、跳び越えた後に平均台の上に着地できるかチャレンジするエリアです。手を跳び箱につきながら後ろ向きにゆっくり着地するとやりやすいでしょう。開脚跳び後の着地などはかなり難易度が高いので、運動に自信のある子にとってもチャレンジしがいのあるエリアです。万が一落下しても安心できるように、平均台の両横に必ずマットを敷きましょう。

早めに手をはなせると着地しやすいよ。

●平均台ゴム跳び

　平均台2台を60〜70cm間隔で平行に並べて、2本をつなぐようにゴムひもを張ります。平均台の間に立ち、左右の平均台に両手をつきながら、ゴムひもを跳び越えます。ゴムひもを何本も張ると、それだけ連続してジャンプさせることもできます。足を閉じたままのジャンプが誘発できる数少ないエリアです。

リズムよく跳んでみよう！

●カラークライミング

　肋木にビニールテープで印をつけ、同じ色のバーだけを使って横に移動するエリアです。何色も使うことで見た目がカラフルになるだけでなく、難易度を変えて自分に合った色のコースを選べるようになります。テープで色分けをする作業は大変ですが、一度やっておくとその後のメリットがとても大きいので、ぜひ早めにやっておきましょう。

手と足どっちが先だといいかな？

●ビッグジャンプ

　跳び箱の上にエバーマットを置き、ロイター板を使ってその上に飛び乗ります。マットの四隅と真ん中に5か所の跳び箱を置けば、かなり安定します。降りるときは後ろ向きにゆっくり降りると安全です。マットの上は必ず1人だけということを徹底しましょう。

思いっきり高くジャンプしよう！

●ロープスロープ

　跳び箱に平均台2本を引っ掛けて坂道をつくり、その上にエバーマットを置きます。肋木にロープをくくりつけて、そのロープを引きながらマットを登るエリアです。アスレチック遊具でしか体験できないような動きが、体育館でも再現できます。跳び箱を高くすると傾斜が急になるので、学年に応じて変えてみましょう。

しっかりロープをにぎって力強く引こう！

●ステージ

　大きな段差となっているステージも、それだけで1つのエリアになります。ホワイトボードなどでつい立てをつくり、ステージ上にのぼって反対側から降りるようにするだけです。安全のためにマットを必ず敷きましょう。

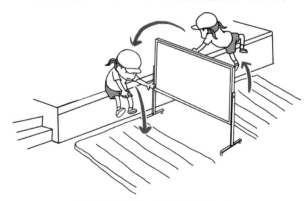

着地は下をよく見て安全にね。

《 Column 02 》

「できる」の前に
「楽しい」を用意する

　現在の体育では、「できる楽しさ」が大変重要視され、達成感を多く味わわせようという動きが高まっています。これが大切なことは間違いないのですが、実はもう1つ大きなポイントがあります。それは、「できなくても楽しい」を必ず保障するということです。

　できる楽しさを感じられるのは、「できる水準に到達した人」だけです。まだそこに届かない人は、まず届かせる努力が必要で、「楽しさ」よりも前に「つらさ」を感じてしまいます。

　大切なのは、「できる」ことを楽しむための条件にしないことです。何度もやってみたくなるゲーム、作戦を練るコミュニケーション、和気あいあいとした雰囲気など、誰でもすぐに楽しめる要素をたっぷり用意しましょう。「できる→楽しい」の順ではなく、「楽しい→できる→もっと楽しい」の順になることが必要です。

　一度楽しさを知ると、もっと楽しみたい、次のレベルにチャレンジしたいというモチベーションがわき上がります。このモチベーションこそが、向上心や達成の喜びの種です。この種を持っていない人に「これができるとこんなに楽しいよ」はいくら言っても響きません。余計なお世話になってしまいます。

　だから、まずはこの「種」を芽生えさせることを目指しましょう。そのためには「できる・できない」とは関係のないところで、その運動を楽しむことが肝心です。「できる楽しさ」の前には、どんな楽しさを用意しますか？

第 **3** 章

データと映像で
動きが劇的に変わる

陸上運動
ゲーム

運動をデータ化して分析すると
子どもはこんなにも真剣になる！

　陸上運動は、個人運動という特性からどうしても練習中心の授業になりがちです。動き自体が単調なので、淡々と反復練習をする味気ない授業になることも多いでしょう。技術的な部分に目がいきがちで、順位や記録といった結果を追求してしまい、運動が苦手な子が楽しめない授業に陥ってしまいます。

　そんなときは、子どもの動きを「データ化」して、自分たちで分析をする機会を用意しましょう。子どもたちは、映像の中の自分の姿に興味があります。家族が撮影してくれた運動会のビデオくらいでしか、自分の動きを映像で振り返る機会はありません。

　恥ずかしさを感じながらも、人には見られたくなくても、自分では見たいと思うものです。自分の動きを映像で振り返り、「思っていたのとちょっと違う」「次はもっとひざを上げてみよう」などと分析をしながら練習をすることで、少しずつ「理想の自分」に近づいていきます。その探求活動が、子どもにとってとても大切な時間になるのです。

　本章では、映像分析のポイントを中心に紹介していきます。同じ練習中心の単元でも、「ライバルを意識した練習」ではなく「自分と向き合いながら進める練習」になれば、考える体育を楽しむことができます。また、様々な「かけっこ」をアレンジしたゲームも紹介するので、キツいけど楽しくてもっと走りたくなる「キツ楽しい」体育をぜひつくってみましょう！

分析に便利なツール 「SPLYZA Motion」

　自分の動きを分析するときは、iPad で撮影した映像を AI が分析してくれる「SPLYZA Motion」（ios 対応）というアプリをおすすめします。このアプリでは、次の３つのことができます。

●関節の動きだけを解析して棒人間化できる

　撮影した映像の動作を AI が一瞬で解析し、棒人間にして表示してくれます（写真は立ち幅跳びの様子）。これによって手足やひざの動きがより見やすくなるだけでなく、誰の動きなのかを隠すこともできるので、自信がない子にとっても安心して映像分析ができます。

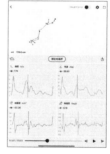

●２つの映像を並べたり、重ねたりできる

　ただの映像では１つずつしか見返せませんが、このアプリでは２つの映像を同時に再生できます。お手本動画と比べたり、過去の自分と比べたりすることも可能になります。

●見たいポイントだけをしぼって分析できる

　このアプリを使えば、「歩幅の変化を調べたい」「腰の曲がり方だけを比べたい」のようなより細かな分析も可能になります。自分の気になるポイントだけにしぼって分析すれば、動きのコツや自分の成長がよりはっきりと見えるでしょう。

　これまでは全身に特別な装置を付けないとできなかった動作分析が、このアプリでは、普段の体育を iPad で撮影するだけで簡単にできます。ほとんどの処理や操作がオフラインでできるので、グラウンドでの活用もおすすめです！

　ICT を活用して、感覚だけに頼らない運動をすることで、子どもたちの思考や学びは一気に加速します。

※このアプリの情報は 2023 年 12 月時点の情報です。

見て、考えて、発見しよう

ハードル走の 分析ポイント

子どもが考えるポイント

●ハードル間を走るリズムは「タ・ターン・タ・ターン」

　ハードル間を３歩でリズムよく走るには、着地した次の「１歩目」がとても大切です。図のように、１歩目が大きくなっているかを振り返り、意識して走ってみましょう。

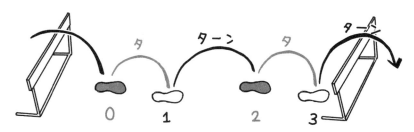

●着地の時に脚が「4」の形になっているか

　ハードルが上手な人は、跳んだあとの着地の瞬間、後ろの抜き足のひざが前に出て「4」の字になっています。この形ができると次のハードルへの勢いがつけられるので、自分の脚の形を映像で振り返りましょう。

中・高学年　見て、考えて、発見しよう

走り幅跳びの分析ポイント

子どもが考えるポイント

●踏み切る最後の1歩がまっすぐ伸びているか

　高く跳び上がるには、地面からの反発力を生かすことが大切です。踏み込む力を反発力に換えるには、ひざを伸ばしてやや後ろに反りながら踏み切ることが必要なので、自分の姿を映像で振り返ってみましょう。

●空中では「マリオのポーズ」が長く続いているか

　大人気キャラクター「マリオ」のジャンプポーズといえば、手を振り上げてひざを高く上げた姿勢をイメージできると思います。実は、あのポーズは走り幅跳びでもとても重要なのです。空中であのポーズが長く続けられるように、意識して跳んでみましょう。

走り高跳びの分析ポイント

子どもが考えるポイント

●踏み切るときに体が真横を向いているか

　小学校体育で扱う「はさみ跳び」では、踏み切るときに体が真横を向いていることが大切になります。カーブをかけた助走で、支柱の前からバーと平行に進んでいくイメージで助走してみましょう。

●頭がどれだけ高い位置まで上がっているか

　走り高跳びでは、バーをまたぐためにどうしても腰や足の高さに意識が向きがちですが、重要なのは「頭の高さ」です。頭を高い位置にもっていく意識をするだけで、上体が起きてジャンプによい姿勢がつくれます。頭が1cmでも高く上がるように映像で確かめてみましょう。

かけひきを楽しめば疲れ知らず！

ランニングゲーム

寒い季節に必ずやってくる「持久走」。ほとんどの学校が続けている一方で、きついばかりで全くおもしろみがないと憂鬱に感じる子も多い取り組みでもあります。でも、おにごっこなら延々と走っていられるように、頭を働かせるゲームにすれば子どもたちは楽しめるのです！　子どもたちが夢中になる「キツ楽しい」ランニングゲームで自然と体力を高めましょう。

「楽しく走る」ために絶対必要なこと

●「自己ベスト」を追求してはいけない！

　持久走では、他の人と競走するのではなく、1000mの最速タイムや5分間走の最長距離といった「自己ベスト」を目指す取り組みが増えています。実は、これにも大きな落とし穴があるのです。持久走が嫌いなのは「息苦しい」ことが一番の理由なのに、自己ベストを追求すると「自分自身をもっと息苦しい状態に追い込む」ことになります。これでは嫌いになる原因を解決できていません。

●「トレーニング」ではなく「ゲーム」にする！

　いわゆる「素走り」と呼ばれるような、ただ一定のペースで走り続けるだけのランニングは、子どもには全く楽しくないし、考える場面もありません。同じグラウンドの周回でも、そこに戦略性をもたせてゲームにすることで、作戦を立てながらレースを楽しめます。

●距離は長くても600m！

　学習指導要領でも目安の距離は600〜800mとされています。また、全員が同じ長い距離を走る必要も全くありません。それぞれが走りたい距離を選べる余白も残しておきましょう。

単元の進め方

❶ 1チーム4〜6人になるようにクラスを分ける。
❷ チーム内で相談して、走順を決める。
❸ チームごとにバトンの受け渡しをする相手とペア練習をする。
❹ 毎回の授業の最後にリレー対決をする。

子どもが考えるポイント

☑ 20mを2人でどのように分担するか?

　バトンゾーンの20mは「どちらの選手が走ってもよい区間」なので、速い選手が走ったほうがお得ですよね。前走者のほうが速いなら奥で渡したいし、後走者のほうが速いなら手前で渡したほうがよくなります。でも、前走者は疲れてどんどん失速しながら来るのに対し、後走者はこれから走るためにどんどん加速していきます。奥で渡したくても追いつけなければ意味がありません。このような関係の中で、「じゃあ15mあたりで渡すと一番いいかもね」などと2人で相談して決めていくことが大切です。

☑ もらう側はどのタイミングでスタートするか?

　もらうときのスピードもとても重要です。より速く走りながらバトンをもらうために、ちょうどよいスタートの位置を探します。下図のようにマーカーを色別に並べると、子どもたちにとっての目印になります。「近すぎてスピードに乗る前に渡しちゃった」「遠すぎて追いつけない」などの会話を重ねながら、2人でベストポジションを探す時間をたっぷり用意したいですね。

☑ タイムやチームメイトの感想も大切な情報

　チームに1つずつストップウォッチを渡して、タイムを計りながら練習するとよいでしょう。走る2人だけの感覚ではなく、チームメイトの気づきや実際のタイムなどの客観的な情報も考えを深めるよい材料になります。

速いだけが勝ちじゃない

🕐 **10〜20分**

全学年

くじびき ポイントレース

ポイントさえ取れれば何着でゴールしても関係ないという目先を変えた競走。かけひきをしながら走るとペースが安定しないので、かえってスタミナが養われるランニングゲームです。

必要な道具：番号付きビブス（3色各4枚）・カラーコーン1個

補助の児童がビブスを両手に持って待機する。

先着した4人までビブスを1枚取ることができる。

取ったビブスは、カラーコーンまでに着て走る。

かけひきとスタミナ、どっちで勝つかな?!

基本ルール

❶ 走力の近い5～6人で校庭3周の競走をする。1グループずつ順番に走る。

❷ スタート後、スタートラインにビブスを4枚持った補助員が立つ。1周走るごとにそのビブスをどれか1枚取る（上位4人しかもらえない）。

❸ 補助員は、ビブスの番号が見えないように持つ（振って回すなどしてもよい）。

❹ 1～2周目に取ったビブスは、カラーコーンを通過するまでに必ず着る。3周目のビブスは、ゴール後に着る。

❺ 1周目が赤、2周目が青、3周目が黄とビブスの色を変えるとわかりやすい。

❻ 3周走り切ったときに着ているビブスの番号の合計が多い人の勝ち。

子どもが考えるポイント

☑ 3周中何回ビブスをゲットできるか

　このレースは「早くゴールした人」ではなく「番号の合計が多い人」が勝利するので、ビブスを3枚ゲットできれば4着でも優勝の可能性があります。

☑ ビブスが取れなくてもその次がチャンス！

　ビブスを取った後は、それを着るために少しスピードが落ちてしまいます。自分が取れなくても、前の人が少しもたついている間に一気に抜かしてしまいましょう。次のビブスをゲットするチャンスが増えます。

もっとゲームを楽しくする！

だんだんとビブスの番号を大きくしよう！

　1周目は「1～4」、2周目は「5～8」、3周目は「9～12」とポイントとなる番号をだんだん大きくしていきましょう。3周目のビブス1枚だけでも上位がねらえるようにしておくことで、ペース配分も大きく変わってきます。まずはビブスをゲットすることだけを考えて、直前でダッシュをしたり、一度ペースを落として休んだりするなどのかけひきがレース中に生まれてきます。ラストスパート勝負はハラハラ感満載です！

同じメンバーで何度もレースをしよう！

　このゲームは運の要素も大きいので、同じメンバーでも毎回結果が変わってくるおもしろさがあります。ビブスをゲットするためのガチンコ競走と、速く走れなくても上位になれるというチャンスの平等性が、子どもたちのモチベーションを高くします。「次は3枚とも取ってやる」「あの子に取らせないように協力しようぜ」など、レース内に様々な戦略が生まれてくると最高ですね。

🕐 **10〜15分**
中・高学年

どこでスパートをかけようかな？

グリッドダッシュ

追い抜きができる場所が限られているので、ダッシュのタイミングが重要になります。何番目を走っていればいいのか、短時間でも考え続けながら走るので、見た目以上にハードで体力も高まります。

必要な道具：カラーコーン４個

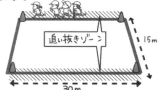

基本ルール

❶同じくらいの走力の４〜５人でレースをする。１グループずつ順番に走る。
❷図のようなグリッド（長方形）を３周して、早くゴールした人の勝利。
❸ただし、追い抜きは長辺でしかできない。

子どもが考えるポイント

☑ **どこでダッシュをしようか**

　レース中、追い抜きができるチャンスは全部で６回あります。そのうち何回目でダッシュをするかがレースの結果を大きく左右します。

☑ **短辺では加速？減速？**

　わざとゆっくり走ってライバルにブレーキをかけさせ、ペースの上げ下げで体力を奪うことができます。逆に、さらに加速して逃げたほうが有効かもしれません。追い抜きはできませんが、短辺でのライバルとの間隔は非常に重要なのです。

もっとゲームを楽しくする！

　スキップやバック走など、短辺での走り方のみ変えてみるのもいいでしょう。短辺になるたびに間隔が広がったり詰まったりしてレースの展開が大きく変わるだけでなく、単純な走りでなくなることで疲れを意識しにくくなります。

ICT 活用によって
「みる目」を養う

　現代のスポーツでは、プレーの分析を専門に行う「アナリスト」が非常に重要性を増しています。映像から選手の動きを細かく分析したり、試合中のパスやシュートの数、成功率などをまとめたスタッツという数字から傾向を読み取ったりする、まさに「チームの脳」です。

　この「考える専門家」は、考える前にまず「みる」ことから始めています。動作のポイントや目標とする数字を念頭に置きながら、それを確かめるように映像やスタッツを細かくみていきます。そして、わかったことをヒントにして、次の戦術や練習メニューを考えているのです。

　逆にいうと、「考える体育」を進めるには、そのための「みる」場面を充実させることが必要です。よりよい動きや次の作戦を考えたくても、今どうなっているのかがわからなければ改善はできません。

　そこで ICT が活躍します。まずは、授業中の子どもの運動場面をビデオ撮影して、あとから振り返る機会をつくりましょう。そして、振り返る場面では、動きのポイントやゲームの得点数といった「視点」を必ず与えましょう。子どもたちは実に様々なことに気が付きます。

　一度「視点」を持てれば、次の運動時にもそれを意識することができます。運動時間の確保も大切ですが、自分を客観視して考えながら行えば、運動の効果は格段にアップします。ICT を活用して、子どもたちを「自らを分析するアナリスト」へと成長させていきましょう。

第 **4** 章

泳げなくたって
楽しい!

水泳運動
ゲーム

まずは水の中での動きにトライ！
楽しみながら水に慣れ親しもう！

　水に慣れ親しむことが目標の水泳運動ですが、学校の水泳の授業といえば、能力別にグループ分けをして、ただひたすら「泳ぐ練習」をしていたという記憶がある人が多いのではないでしょうか。これは泳げる子にとっては楽しいですが、水泳が苦手な子にとっては楽しむのがとても難しいですよね。

　初心者が運動に慣れ親しむためには、「努力して乗り越える」よりも「楽しんで良いイメージをもつ」ほうがより効果的です。そのため、水泳が苦手な子でも、水中で「できること」を中心にした運動を多く取り入れたいですね。

　水中の身体感覚は、実に独特で感性が磨かれる体験です。同じ動きをするのでも、陸上と水中とではまったく感覚が異なります。その違いに気が付いて、自分の身体の理解を深めるためには、陸上での運動と同じことを水中でやってみるのが一番わかりやすいですよね。

　本章では、泳力に関係なく全員で楽しめる水中ゲームを紹介します。水泳が楽しい時間になることを目指し、その中で子どもたちは安全な体勢や水とのかかわり方を獲得するし、水に体をあずけることを学んでいけるでしょう。
　水泳は楽しみにしている子どもが特に多い種目です。そのワクワク感を生かして、最高に楽しい時間をつくりましょう！

10〜15分

全学年

水中で楽しくレッツダンス♪
アクアビクス

ふわっとした感覚と、手足に水の抵抗を感じながら楽しく踊ろう！　水中なら動きを見られる恥ずかしさもありません。みんなで楽しく体を動かして、自然と水に慣れ親しむことができます。

必要な道具：音楽を流すスピーカー

みんなで水の中の動きを楽しもう！

基本ルール

❶全員がプールに入って広がる。

❷プールサイドで先生が手本の動きをする。

❸音楽に乗りながら、全員で先生と同じ動きをする。

子どもが考えるポイント

☑このアクティビティでは、じっくり思考するというよりも、「感じる」ことが大切です。曲のリズムや水の抵抗感、みんなで1つのリズムを刻むグルーヴ感など、感覚的な刺激が多いアクティビティになっています。

☑楽しく踊り終わった後、プールサイドに上がってからの脚の重さの感覚にも注目させましょう。水中と陸上の身体感覚の差はとても貴重な体験です。

もっとゲームを楽しくする!

足の動きが多いダンスをしよう

水中で水の抵抗感を味わいながら動くことをねらったアクティビティです。フォークダンスのような、シンプルでも足の動きが多い振り付けが合うでしょう。また、「横向きに8歩走る」のようなただの移動だけでも十分に目的に合った動きになります。ダンスだからといって、複雑な動きをイメージせずに、とにかく「リズムに乗る」ことを考えましょう。

水しぶきが多く上がるようなダンスをしよう

手で水をたたいたり、水中から振り上げたりして、わざと水しぶきが上がるような動きを取り入れましょう。それだけで盛り上がりが倍増し、水が顔にかかる楽しさも味わえます。ダンスの途中で水のかけ合いをはさんでもいいですね。

円をつくったり、ペアで踊ったりして楽しさを共有しよう

誰かに見せるためのダンスではなく、ただ友達と一緒にノリノリ感を満喫するためのダンスです。大きな円をつくって互いの顔を見ながら踊ったり、ペアダンスを取り入れたりして、楽しい感情を共有しやすくなるような工夫をしましょう。「へい!へい!」などと声を出しながら盛り上がってもいいですね!

プールサイドへパス！
水中ポートボール

15〜20分
中・高学年

パスをつないだり泳いで運んだりしながら、プールサイドの味方にボールを渡そう！　水中の移動距離が多くなり、自然と脚力が養われます。

必要な道具：水に沈まないボール3〜4個

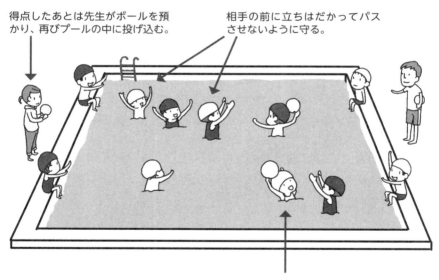

得点したあとは先生がボールを預かり、再びプールの中に投げ込む。

相手の前に立ちはだかってパスさせないように守る。

ボールをプールサイドに座っている味方にパスできたら1点。

水の中を動き回ってボールを奪い合おう！

基本ルール

❶試合時間は３分間。１チーム８～10人の２チームで対戦する。そのうち２人がキャッチ役としてプールサイドに座る。

❷全員が相手のキャッチ役がいるプールサイドに触れた状態でスタート。

❸両側のプールサイドに立つ先生が、それぞれ１～２個のボールをプールに投げ入れる。

❹ボールを投げたり、持って運んだりしながら、キャッチ役にパスできたら１点。

❺キャッチ役は必ずプールサイドに座ったままキャッチする。

❻得点後は、ボールを先生に渡して、再びプールに投げ入れてもらう。より多く得点したチームの勝ち。

子どもが考えるポイント

☑２人いるキャッチ役のうちどちらがボールを届けやすいのか、距離や人数を考えながら判断します。

☑得点も大事ですが、同時に相手に得点させないことも必要です。ボールが複数あるため、みんながボールに集まってしまうとキャッチ役が簡単にボールを取れてしまいます。キャッチ役の前に立ちはだかってボールをはじくなど、守備の役割を誰がするかも重要な作戦です。

もっとゲームを楽しくする!

誰もいないところにボールを投げ入れる

　先生がわざと誰もいない場所にボールを投げ入れます。子どもたちは大きく移動するため必然的に運動量が多くなるだけでなく、プール内の陣形が大きく変わるため、攻撃と守備の役割もどんどん変化していきます。ボールに行くべきか、離れて守るべきかの判断を常に子どもたちにさせることができます。

特大ボールで一気に大量得点!

　バランスボールのような特大ボールがあれば、それを１つだけ追加してみましょう。特大ボールはパスやキャッチが難しい分、パスが決まると一気に３点というルールにすると、大喜びで特大ボールに集まるでしょう。でも通常のボールで１点ずつ積み重ねたほうが着実かもしれないので、その判断が子どもたちの思考をさらに活性化します。

水をかけて落とせ！

10〜15分
全学年

リングシュートチャレンジ

フラフープめがけて投げられたボールに水をかけて妨害しよう！　プールでこそのおもしろゲームで、投力アップや水への恐怖心の克服も！

必要な道具：ソフトバレーボール6〜8個・
フラフープ2本・コースロープ2本

基本ルール

❶ コースロープ2本をプール短辺に10m間隔で張る。

❷ プール中央に先生が立ち、フラフープを掲げる。

❸ リングを守る役は6〜8人で、先生の周りに集まる。飛んできたボールには触らず、手で水をかけてボールを落として守る。

❹ クラスの他の全員は投げる人となり、両側のコースロープの外からリングをめがけて投げる。

❺ コースロープの間に落ちたボールは投げる人が拾ってコースロープの外側に運ぶ。

❻ 1試合は2分間。守る役を交代して何度もくり返す。

子どもが考えるポイント

☑ 両側からボールが来るので、守る役の立ち位置や分担が重要になります。

☑ 2分間と短いので、たくさんボールを投げるにはボールを拾いに行く人とコースロープの外側でボールを待つ人のような連係をするといいでしょう。

もっとゲームを楽しくする！

フラフープを持つ先生が移動したり、フラフープを動かしたりすると、難易度が上がって盛り上がるかもしれませんね！

10〜15分
全学年

とにかく打ち返せ！

ウォーターテニス

水に浮いているボールをひたすら相手コートに打ち返そう！　楽しみながらたっぷり水中移動が経験できるゲームです。

必要な道具：水に沈まないボール 10〜20 個・コースロープ 1 本

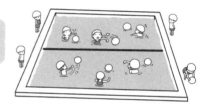

基本ルール

❶ コースロープでプールを半分に分け、すべてのボールをプールに浮かべる。

❷ 全体を 3 チームに分け、コースロープの両側に 1 チームずつ、プールサイド全体に 1 チームが広がる。プール内の 2 チームが対戦し、プールサイドにいるチームがボールを拾う。

❸ 笛の合図でスタートし、自陣に浮いているボールをグーかパーで打ち返す。

❹ 飛んできたボールをそのまま打ち返すボレーも OK。

❺ ボールは打つだけ。持ってはいけない。

❻ プールサイドにいるチームが拾ったボールは近くのチームに戻す。

❼ 1 試合は 2 分間。最後に自陣にあるボールが少ないチームの勝ち。

子どもが考えるポイント

☑ コート内で集まりすぎないように広がったり、次にボールが飛んでくる場所を予測して早めに移動したりすることで、効率よく打ち返すことができます。

もっとゲームを楽しくする！

ボールの色や種類ごとに得点を変えると、より高得点のボールから打ち返したくなるので作戦の幅が広がります！

水ぬれ厳禁！

ボール運びリレー

ボールを水につけずにゴールまで運ぼう。より速く運ぶにはどうしたらいいかな？　互いの運動能力を最大限に生かす発想力が試されます。

> 必要な道具：水に沈まないボールを各チームに1個・ボールが入るかごを各チームに1個・コースロープ1本

基本ルール

❶ 1チーム8～10人。ゴール側のプールサイドにかごを置く。

❷ 全員がスタート側の壁に触れて立ち、各チーム1人がボールを持った状態で先生が笛を吹いてゲーム開始。

❸ 1列に並んでパスしていったり、持ったまま走ったりしてボールを反対側まで運び、かごに入れるまでのタイムを競う。

❹ 必ず全員が1回以上ボールをつなぐようにする。

❺ ボールを水に落としてしまったら、1回分5秒をゴールタイムに追加する。

子どもが考えるポイント

☑ パスでつなぐ、持って走る、背泳ぎで泳ぐなど、様々な方法の中からどの方法が一番確実で速いかをたっぷり相談させましょう。

☑ 自己申告させてサバを読まない誠実さにもつなげたいところです。

もっとゲームを楽しくする！

　途中にコースロープを張って、必ずその下をくぐるようにすると、障害物となってまた異なる作戦が生まれるかもしれませんね。

単元構成の３つのポイント

１．単元の初回からずっとメインゲームをする

　単元の中心はメインゲームであり、それが最も楽しむべきものです。わずか６〜８時間しかない単元の前半をスキル練習やミニゲームに充ててしまうのはあまりにももったいないです。

　練習しなくても初回から楽しめるゲームで、単元を通してゲームをくり返す中で成長が実感できるようにしましょう。

２．毎時間の流れはいつも同じ

　「準備→ウォーミングアップ→ゲーム①→作戦会議→ゲーム②→振り返り→片付け」のような１時間の授業の流れは、毎回同じにしましょう。子どもたちは次の流れを予測し、効率よく時間を使えるように自分で考えて行動できるようになります。先生はタイムマネジメントだけをしっかりとして、子どもの自主的な活動を支えましょう。

３．オプションルールをつけるタイミングを見極める

　序盤は基本ルールだけのゲームを進めますが、だんだんゲームのコツがわかって慣れてくると、いつも同じプレーや作戦に頼って思考が止まってしまいます。実施回数ではなく、「思考を再活性化する」ために、適切なタイミングでルールの変更や追加をしていきましょう。

第5章

うまいもへたも
関係ない!
みんなが楽しい
ボール運動
ゲーム

エッセンシャル・スキルを見極めよ！

　「ボール運動」は、運動経験の差が大きく影響して特に技能差が出やすい領域です。そのため、習い事で球技をしている子が大活躍する一方で、ボールがうまく扱えない子がつらい思いをする、なんてこともめずらしくありません。だから、体育ではそのスポーツの元々のルールではなく、体育用にアレンジして行われることが多いのですが、そのアレンジは本当に子どもにとってうれしい変更になっているのでしょうか。そこで考えてほしいのが「エッセンシャル・スキル」です。

　エッセンシャル・スキルとは、「そのゲームを楽しむために最低限必要なスキル」を指す私のオリジナルの言葉です。例えば、バスケットボールのエッセンシャル・スキルは、ドリブルをついて移動すること、パスをこわがらずにキャッチできること、トラベリングをせずにピボットを踏めることなどがあります。これらをすべてできるだけのスキルがないと、バスケットボールに満足に参加できません。

　体育では、ほぼ全員が初心者です。子どもによっては、ボールをキャッチすることも、投げることもままならないかもしれません。それでも、クラスの一人ひとりの運動能力を考えて、「難しすぎて参加できない子」がでないようなルールにアレンジすることが必要なのです。

　本章では、「ゴール型」「ネット型」「ベースボール型」それぞれの具体的なゲーム例を紹介します。各ゲームのエッセンシャル・スキルは何か、どうしてそのようなルールにアレンジしたのかなど、ゲーム設計に込められた意図を想像しながら読んでみてください。

投げて、走って、めまぐるしく入れ替わる

40〜45分
中・高学年

ハンドボール

ハンドボールは、1チーム7人ずつで、相手の守るゴールにボールを投げ入れて得点を競うスポーツ。コートをかけ回る圧倒的なスピード感と攻守のきりかえの速さが最大の魅力。簡単なボール操作で、すばやい判断力やコミュニケーションスキルを磨けます。速攻合戦を楽しく体験しよう!

必要な道具：子どもが片手で握れる大きさのボール1個（直径10〜15cm程度がよい）・ハードル2台（ゴール用）・ビブス人数分（2色）・カラーコーン2個

カラーコーンに近い人からシュートを打ったら交代する。打った人がコートの外に出るまでは入らない。

ゴールは表裏どちらから当ててもよい。

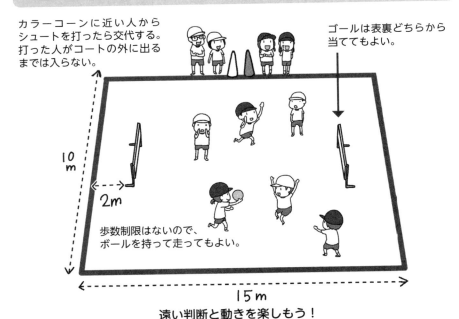

10m

2m

歩数制限はないので、ボールを持って走ってもよい。

15m

遠い判断と動きを楽しもう!

基本ルール

❶試合時間は前半後半３分ずつ。

❷１チーム５〜６人で編成。コート上は常に３人対３人。

❸ボールを持ったまま自由に移動できる（歩数制限なし）。

❹守るときに相手の体に触れてはいけない。

❺ボールをハードルに当てたり通過させたりしたら１点。表裏どちらからでもよい。

❻シュートを打ったら、必ず控えのメンバーと交代する（シュートが外れても交代）。

❼得点後は相手チームがボールを拾った場所からすぐに再開する。

子どもが考えるポイント

☑全員が得点できるために立ち位置やパスのタイミングを考えたり、コート内の３人のバランスを考えて誰がシュートを打つかを選んだりします。

☑守備のときは、シュートを打ちそうな相手を見極めたり、次の速攻への準備をしながら守ったりと、予測が重要になります。

☑コート外の仲間からのコーチングが非常に大切になります。

活躍すると出られない!?　カギとなるおもしろルール

　このゲームの最大の特徴は、「シュートを打ったら必ず控えメンバーと交代する」というルールです。シュートが外れても交代になります。このルールを設定するポイントは次の３つです。

・交代するためにコート内が一瞬３対２となり、シュートを打たれた側のきりかえが速いほどチャンスになる。

・コートの内外をさかんに行き来することで、待っているときのイメージトレーニングやコート外からのコーチングが活性化する。

・シュートを打てば打つほど１回のプレー時間が短くなるため、技能が高い子の一人相撲がなくなる。

点を取られた瞬間がチャンス!

　相手がシュートを打った後、一瞬だけ相手の人数が２人に減ります。そこが一番の反撃チャンスです。シュートを打たれた後、相手がメンバー交代する前にボールを拾って反撃すれば、自分たちが数的優位の大チャンスをつくれます。「あぁ、失点した〜」と落ち込む前に、すぐにきりかえて攻撃をしかけることが大切です。

このように互いに速攻合戦をするような展開になると、さらにゲームが盛り上がるでしょう。でも夢中になると、交代するプレイヤーが早く入りすぎてしまうことがよく起こります。「シュートを打った人が出てから、次の人が入る」を徹底できるように声をかけましょう。

ゲームを支える「オフィシャルチーム」

ゲームをするばかりでなく、ゲームを支える立場を経験することも大切です。オフィシャルチームの役割は、次の3つです。

①ゲームの進行　②プレーのジャッジと反則への声かけ　③得点の集計

全チームが必ずオフィシャルチームを担当します。微妙な判定や反則ぎりぎりのプレーも起こりますが、お互いにオフィシャルチームの判定を尊重する姿勢が大切です。もめずに楽しむためにも、きちんと判定することの重要さも学べます。また、45分という限られた時間を最大限に楽しむためには、スムーズな進行が欠かせません。

「楽しい時間は自分たちでつくる」という意識を育てるために、オフィシャルチームは重要な役割になります。

もっとゲームを楽しくする！

全員が得点したらチームにボーナスポイント！

試合開始時に全員白帽子をつけ、得点したら赤帽子に変えていくようにします。ゲームが進むにつれて、「あと1人で全員得点だ！」「○○さんにだけはシュートをさせるな！」と攻防のかけひきがさらに盛り上がります。

「得点2倍プレイヤー」や「得点2倍タイム」をつけよう！

チームで1人だけ赤帽子にして、その人の得点は2倍というルールにします。あるいは、前半後半のそれぞれ最後30秒はすべての得点が2倍になるというルールにします。より多く得点したチームの勝ちなので、得点が増える追加ルールは、子どもたちのモチベーションを高めます。

試合のスタッツを記録していこう！

　スタッツとは、ゲーム中のシュートやパスの回数を数えたものです。下に示すような記録シートを配付して、リアルタイムで「正」の字を書いていけば、すぐに結果もわかります。ゲームの内容が数値化されてチームの傾向がわかると、次の作戦も立てやすくなります。もちろん、個人の頑張りもよく見えますね。オフィシャルチームが互いに記録をとり合うようにするとよいでしょう。

〈記録シート〉

		月　　　日		試合目		チーム	
		Aさん	Bさん	Cさん	Dさん	Eさん	Fさん
シュート	成功	⊤	⼲	一	⊤	⼲	一
	失敗						⊤
パス	成功	一		⊤		一	⊤
	失敗		一		一	一	一

「歩数制限なし」の逆転の発想が
生んだおもしろゲーム

🕐 **40〜45分**

高学年

バスケットボール

1チーム3人ずつで、同じ1つのゴールに向かって攻め合う「3×3」をアレンジしたバスケットボールゲーム。難しいボール操作を極力なくし、高確率で得点できるようにしたことで、初心者にもより楽しめるようにしました。キャッチやシュートなどのボール技術と空間把握能力を磨いて、楽しく得点しよう！

> **必要な道具：バスケットゴールリング・バスケットボール1個・ビブス人数分（2色）・カラーコーン2個**

ゴールエリアの中でボールを奪ったら、一度ゴールエリアの外にボールを運んでから攻撃を始める。

リングに当たるだけで1点
リングに入れば2点

ゴールエリア

10 m

味方が得点したら、得点した人と交代する（味方がコートを出てから入る）。

12m

動きの制限がなくなれば、初心者にも楽しめる！

基本ルール

❶試合時間は 4 分。

❷1 チーム 4 〜 5 人で編成。コート上は常に 3 人対 3 人。

❸ボールを持ったまま自由に移動できる（歩数制限なし）。

❹守るときに相手の体に触れてはいけない。

❺ボールをリングに当てたら 1 点。リングに入ったら 2 点。

❻シュート直前にドリブルを 2 回ついたら、得点時にボーナス＋ 1 点。

❼得点したら、必ず控えのメンバーと交代する。

❽相手からボールを奪ったら、必ずゴールエリアの外にボールを出さないと
　シュートが打てない。

❾得点後は必ず相手チームのボールから再開する。

子どもが考えるポイント

☑目の前に立たれて守備をされるとシュートが打てないので、守備から離れた
　場所でボールをもらえるようにパスを受ける人の動きと位置取りが重要にな
　ります。

☑パスを受けてすぐにシュートを打つのか、時間をかけてでもドリブルを 2 回
　ついてボーナスポイントを取りにいくのかを瞬間的に判断します。

☑得点したあと、すぐに守備にいかないとあっという間にシュートを打ち返さ
　れてしまうので、シュートを打たれないようにすばやく相手の前に立ちはだ
　かることが大切になります。

☑「このチームには背が高い人がいるな」「〇〇さんは遠い位置からのシュート
　がよく決まるんだよな」など、相手の特徴に合わせて作戦を変えていけるとい
　いですね。ルールがシンプルな分、チームの特色を十分に生かせるゲームに
　していきましょう。

歩数制限なしで本当にいいの?

　バスケットボールでは、ボールを持ったまま歩いてしまうとすぐに「トラベリング」という反則になってしまいます。だから選手はみなドリブルをつきながら移動をしているのですが、これが初心者には非常に難しいスキルでゲームを楽しめなくなる原因になってしまいます。

　歩数制限なしだと、初めはラグビーのようにボールを抱えたまま走る様子も見られますが、だんだんとやっていくうちにパスをしたほうがシュートにいきやすいことに気がつくはずです。その発見の可能性を残していくことが、単元を通してゲームが発展していくために重要な「余白」となります。

ファールにならないプレーを意識させよう

　だんだん夢中になって勝負にこだわり始めると、特に守備をするときに体を押したりボールをはたいたりする荒いプレーが見られるようになりがちです。そんなときは、ぜひクラス全体で考えるきっかけにしましょう。「〇〇したらファール」とその行為を禁止する対応だと、細かなルール設定がどんどん増えてややこしくなってしまいます。

　そうではなく、「みんなが納得できるようなフェアプレーを心がけよう」という前提を再確認することが非常に効果的です。体育は決して相手を打ち負かす場ではなく、対戦する2チームでともに楽しい時間をつくる場だということを、絶対にゆずってはいけません。ルールではなく思いやりで、全員にとって安心できる空間をつくりましょう。

もっとゲームを楽しくする!

シュート前に全員にボールを回したらボーナスポイント!

　すばやい攻防も魅力ですが、どうしてもボールに触れる機会に差ができがちです。「シュートを打つ前に全員がボールに触る」という条件をつけることで、全員により多くの機会をつくることができます。

　しかし、これをルールにしてしまうと、逆にシュートまでの時間がかかって本来のスピード感が失われる可能性もあるので、「ボーナス」という形で奨励するのがよいでしょう。

「パワーアップゾーン」を追加してみよう！

　図のような位置にフラフープやマーカーを円状に置いて「パワーアップゾーン」を2か所用意します。どちらかの円の中でドリブルを1回つけば、ボールがパワーアップして次の得点が2倍になるというオプションルールです。

　ゲーム中はどうしてもゴールエリア内やその付近でのプレーが多くなるため、そこから少し離れた場所にこれを設置することで、コート内での密集を少し緩和するねらいもあります。特に守備側は、ボールをパワーアップさせないためにはゴール下から離れるしかないので、より戦術的な広がりにもつながるでしょう。

　なお、パワーアップしたボールは相手に取られると効果がなくなるので、導入する際には子どもにも十分に理解させましょう。

この中にドリブルを1回つくと、
次のシュートが得点2倍になる。

一方通行の「落とす」ゲーム

ソフトバレーボール

🕐 **40〜45分**

中・高学年

バレーボールは、1チーム6人ずつで、相手コートにボールを落として得点を取り合うスポーツ。ラリーも楽しいけど、戦術のカギは「ボールを拾わせないこと」にある。そのかけひきを楽しく体験しよう！　落下地点を読む空間認知力や強いボールを打つためのスイングも身に付けられます。

> **必要な道具:バドミントン用ネット (高さは 140cm 程度)・ソフトバレーボール (各コートに2個)・カラーコーン (各コートに3色が2個ずつ)**

レシーブに入らない3人は、コートの外でボール拾いをする。拾ったらすぐ攻撃チームに返す。

ボールをコート外にはじき出せば0点
キャッチできれば自分チームに1点

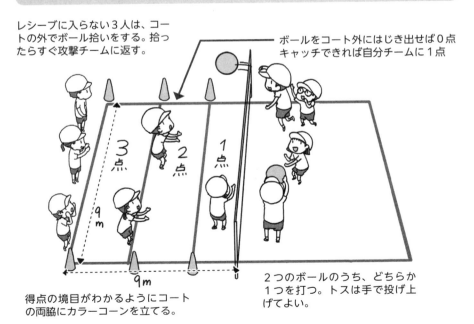

得点の境目がわかるようにコートの両脇にカラーコーンを立てる。

2つのボールのうち、どちらか1つを打つ。トスは手で投げ上げてよい。

何点のエリアを守ろうかな？

❶1チーム4〜6人で編成。レシーブ側は常に3人ずつコートに入る。レシーブに入らない人は、コートの外でボール拾いや得点の計算をする。

❷アタック側は左右に分かれ、レシーブの準備ができたことを確認したら、どちらか片方のセッターがトスを上げ、アタックする（左右交互でなくてもよい）。

❸ボールが落ちた場所に応じて1〜3点が入る。

❹ボールが外にはじき出されたら0点。キャッチされたらレシーブ側に1点。

❺2分間ずっとアタックを続ける。そのあと攻守交代して2分間行う。

「つなぐ」ゲーム？「落とす」ゲーム？

　バレーボールは、アタックを決める楽しさとラリーを続ける楽しさがありますが、体育ではこの両立はとても難しいです。ラリーを続けるには、相手の取りやすいボールを送るスキルが必要になります。一方で、アタックを決めるためには、相手が取りにくいボールを打てばいいので、より簡単です。また攻守でかけひきも生まれるので、「落とす」を目的にしたアタックゲームのほうがより考えながら楽しめるゲームにできます。

子どもが考えるポイント

アタックチーム

☑️何点をねらうか
☑️右と左どちらから打つか
☑️ストレートコース（まっすぐ）とクロスコース（ななめ）どっちに打つか

レシーブチーム

☑️何点のエリアを守るか
☑️3人がどのように並ぶか
☑️1人1人の守備範囲はどの程度広げるか
☑️キャッチするか外にはじき出すか

読みをぶつけ合う心理戦

　このゲームの最大の魅力は、アタックを打つ前の読み合いにあります。レシーブ側は、「たぶん次は前に落としてくるな」「2回連続右から打ったから、次は左だろう」などの予測や、トスが上がってから少し立ち位置の修正もするようになります。

　また、アタック側も誰が打つかを隠してレシーブ側を惑わすために、秘密のニックネームで呼ぶ作戦や、2つのボールを同時に投げて片方をダミーにする作戦などを考え出します。

　このような心理戦はアタックゲームだからこそ起こるものです。試合前の作戦会議もたっぷりとりながら、頭脳で相手を上回ることを目指しましょう。

上から撮影して分析しよう！

　ゲームを体育館のギャラリーなど高い所から撮影して、あとから振り返るといろいろなことに気が付きます。

- 3人とも前に寄りすぎている
- 〇〇さんの守備範囲が広すぎる
- 右から打たれるときは少し右（打つ人の側）に動くとよさそう
- ストレートコースばかり打ちすぎている
- 打つ方向が体の向きでバレてしまっている
- もっとテンポよく打ってアタックの回数を増やそう

　授業の中ではたくさん運動をして、教室でゆっくり動画を見返す時間をとるとよいでしょう。子どもの柔軟な発想は、思いもよらない奇想天外な作戦を生み出すかもしれません。

もっとゲームを楽しくする！

ブロックを追加してみよう！

　レシーブ側の3人のうち1人がブロックにつくとより戦術の幅が広がります。ブロックができると有利ですが、ブロックできないと後ろは2人しかいないので逆にピンチになります。アタック側もブロックのすぐ横にちょこんと落とすだけという打ち方もできるようになるので、より瞬間的な判断が必要になってきます。

　初めはブロックをつけず、慣れてきたら追加するとよいでしょう。そのときは、

安全のために「アタックより先には触れない。両手でばんざいするだけで打ち返さない」という約束を決めましょう。

一発逆転！　ボーナス得点エリア

　コート中央やライン際に高得点のエリアをつくってみましょう。「カラーコーンに当たると５点」「フラフープの中に落ちるとプラス２点」などのオプションを加えると、レシーブ側の立ち位置にも大きく影響してきます。レシーブ側は当然そこを守るために近くに寄るので、カラーコーンにぶつかったり、フラフープで足をすべらせたりしないように注意しましょう。

ピッチャーがいないニュースポーツ

ベースボール5

ベースボール5は、1チーム5人ずつで、バットもグローブも使わない全く新しい野球ゲーム。2016年に考案され、世界大会もある正式なニュースポーツです。ちょっとだけ体育向けにアレンジすれば、みんなで楽しめるゲームになります! ベースボール特有の戦術にみんなで頭を悩ませることで、コミュニケーション力と判断力が養えます。

> **必要な道具:やわらかいボール(テニスボールのような小さいボールからソフトバレーボールのような大きいボールまで何でも使えます)・ベース4枚(なければフラフープでもOK)**

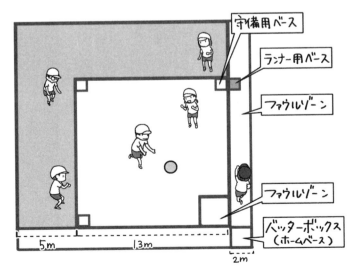

コミュニケーションと判断力で勝負しよう!

基本ルール

❶試合時間は3イニングまたは15分間。

❷1チーム5～7人で編成。守備時は常に5人ずつ入る。攻撃は全員で行う。

❸バッターは自分でトスしてグーかパーで打つ。

❹打球は必ず内野でバウンドさせないといけない。失敗したら打ち直し。

❺バッターとランナーは、打球が落ちてからしかスタートできない。

❻ランナーが1～3塁を順に回ってバッターボックスに帰ったら1点。

❼3アウトで攻守交代。

アウトのとり方は3種類

①フライアウト：打球が地面に落ちる前に直接キャッチする

②タッチアウト：塁間を走っているランナーにボールを持ったままタッチする

③フォースアウト：ランナーが次の塁に進むしかないときに、向かっている塁に
　　先にボールを届ける

子どもが考えるポイント

☑ベースボールは「アウトのとり方を考えるゲーム」です。守備が成功しないと
　ゲームが進まないので、打つことよりも守ることを中心に考えさせましょう。
　　　・誰がどこに立つか
　　　・ボールを拾ったあとどこに送ればいいのか
　　　・次はどこでアウトがとれるのか
　などを打たれる前に予測して、打球のコースに合わせて一番いい判断をするこ
　とが求められます。ワンプレーごとに5人全員でねらいを確認しながらゲー
　ムを進めていきましょう。

☑打つ側は、ルール上、打球を遠くに飛ばせないので、コースがより重要になっ
　てきます。一番アウトになりにくいコースを探して打ち分けましょう。

自然とコミュニケーションが増える

　上手に守備をするには、チームメイトとの深いコミュニケーションが欠かせません。「次は1塁か2塁でアウトがとれるよ」「このバッターは打球が強いからみんなで下がろう」などの会話が自然と生まれ、その意思疎通がすばやいチームほどよいプレーも増えていきます。

　また、攻撃側も「3塁に行きたいから1塁側に打って」「もう1つ行ける！走れ走れ！」などの声かけが活発になってきます。ベースボール型ゲームは待ち時間が多いことが難点だとよくいわれますが、1つのプレーに多くの人数が「会話で」関われるようになることが大切です。

もっとゲームを楽しくする！

ボールの大きさを変えてみよう！

　公式ゲームではテニスボールほどの大きさのボールですが、もっと大きなドッジボールやソフトバレーボールでやるとまた違ったゲームが楽しめます。大きくてやわらかいボールほど、打球が遅くなって守備がしやすくなるので、実態に合わせてボールを変えてみましょう。

一度だけ使えるスペシャルボール！

　1イニングに1度だけ使える大きさの違うボール（スペシャルボール）を用意するのもおすすめです。「そのボールで行うプレーでは得点2倍」などのルールを追加すると、使う場面を考えて戦術の幅が広がります。

ピンチのときには「お助けマン」登場！

　なかなかアウトがとれないときもあるでしょう。そんなときは、ワンプレーだけ6人で守れるというルールがあってもいいですね。大切なのは、両チームとも楽しくなるようなルールであることです。どんなルールが必要なのかは、子どもたちと一緒に考えてみましょう。

ボール運動は技能ではなく思考で競わせよう

　ボール運動は、それまでの運動経験がパフォーマンスに大きく依存するため、技能差が特に出やすい種目です。そんな問題を解消するために、体育のボール運動では、技能ではなく思考で競わせましょう。簡単にいえば、「上手な子がいるチーム」ではなく「良い作戦を思いついたチーム」が勝てるゲームにするのです。

　そのためには、ゲームのルール設計が何よりも重要になります。ボール運動は得点を取り合うゲームが多いので、技能の高い子が1人で得点を量産する可能性が大いに考えられます。それを未然に予測し、全員にバランスよく得点機会が訪れるルールをつくっていきましょう。

　個人技では打開できないゲームになると、必然的にチームプレーが結果を左右するので、各チームはより良い作戦を考えて「頭脳で勝負」するようになります。子どもたちは互いの運動技能を認め合い、それを最大限に生かせるような戦術を考えるので、技能差によって疎外されることもありません。また、運動技能よりもコミュニケーションやコーチングが大切になるので、上手な子は得点とは別の方法で活躍する機会も残されます。

　チームみんなで考えて、チームみんなが活躍できるゲームになるように、「上手な子」が「頭脳」で活躍できるようなルールを子どもたちと一緒につくっていきましょう。

第6章

「見せない表現」から
始めると楽しい!

表現運動
ゲーム

「見せない表現」で恥ずかしさとバイバイ！

　表現運動というと、おそらくほとんどの小学校では「運動会のダンス練習」で終わらせているのではないでしょうか。中学校では「ダンス」が必修となり、指導する先生も含め必死になって楽しむ余裕などないようにもうかがえます。小学校でも、運動会用ではない表現運動の単元を実践する先生はもちろんいますが、そのほとんどが「練習→本番パフォーマンス」という流れです。

　運動会でもそうでなくても、最終的に「見せる」ことをゴールにすることは、果たして全員にとってしあわせなのでしょうか？　本番になって、自分の表現を「見せたい！」とやる気になっている子はどのくらいいるのでしょうか？

　表現運動の授業で必ず直面するのが「恥ずかしがる子」です。しかも、その数は学年が上がるほど多くなる傾向があります。慣れない動きで不安があるのに加え、人前で発表するプレッシャーから、変な姿を見せたくないという思いに支配されてしまうのです。でもそんな子どもたちだって、キャンプファイヤーではノリノリで踊るし、休み時間には全身を大きく使った「謎の動き」をすることだってありますよね。つまり、「人に見せている意識」が表現にブレーキをかけているのです。

　本章では、表現運動のまず入り口としての「見せない表現」を楽しむ実践を紹介します。決して隠れてこそこそやるのではなく、それぞれの「子どもたちの世界」にどっぷり浸らせながら、観客の目を意識しなくてよい表現運動を楽しんでもらうようにします。表現することの楽しさや、表現している自分が輝いていると自覚すれば、その先で観客に「見せる」ことも楽しめるようになるでしょう。

　まずは、「見せない表現」を子どもたちと一緒に楽しんでください！

音から連想するイメージを
動きで表現しよう

🕐 **20〜30分**

全学年

音はめ
イマジネーション

わずか数秒の着信音や効果音に動きをつける創造的な表現遊び。最初のインスピレーションでもよし、何度も聞いてイメージを膨らませてもよし、脳内のイメージを遊び感覚で身体表現できるようになります。

必要な道具：再生用 ICT 端末（事前にお題の効果音をデータ保存しておく）

素材となるメロディーは、フリー効果音のサイトなどからダウンロードしておくとよい。

自分のイメージで動きを楽しむ♪

基本ルール

❶ お題となる着信音や効果音を ICT 端末で再生する。

❷ 3 〜 4 人組になり、お題の音のイメージに合わせた動きをする。

❸ 互いに感じたことを伝え合い、よりイメージに近い動きを創造する。

子どもが考えるポイント

☑ 鳴った音がどんな場面で流れそうかをよく意見交換させましょう。「物が落ちたときの音みたい」「何かが生まれたような感じがする」など、その音のイメージから脳内に何かしらの映像を想像するというアプローチは有効です。

☑ 手・足・ひざ・腰・肩・首など、体の各部位をそれぞれ分けて動かすイメージをもたせるのもよいでしょう。「1 つ目の音でひざだけを曲げて、2 つ目の音で右肩だけを上げて…」のように、自分が操り人形になったような気分で考えると、動きをつくりやすいです。

もっとゲームを楽しくする!

グループ表現にもチャレンジしよう!

この表現遊びもグループで共同演技をするとおもしろいでしょう。それぞれの動きを組み合わせて表現すれば協力してつくる楽しさが味わえるし、みんなで同じ動きをそろえるだけでも一体感が生まれて盛り上がります。

大喜利のようなおふざけ半分でOK!

このような独創性が大切な表現遊びでは、真面目さや周りの視線は逆効果になります。休み時間のおしゃべりのような、そのグループだけの楽しい世界にどっぷりと浸らせて、ワイワイ盛り上がりながら活動できるようにしましょう。

動きを撮影して編集してみよう!

グループで考えた動きを撮影し合って、動画編集ソフトやプレゼンテーションソフトで編集までしてみましょう。同じ映像を何個も並べてみたり、アニメーションをつけたりして、映像効果を使って、より見て楽しい作品にする活動にもできます。

動画に映る動物や物に完全になりきろう！

なりきり動画
完コピ選手権

お気に入りの動画を見つけて、好きな動物や気になる物体になりきってみよう。人を真似るわけではないので、似ていない・下手だと言われる心配はなし！ ユーモアたっぷりの発想や細かい手足の動きへの意識が高まる、遊び感覚で楽しい表現運動です。

必要な道具：動画撮影用 ICT 端末・その他なりきるために必要な衣装や小道具

なりきるモチーフ映像を決める。

モチーフ映像になりきってモノマネしている様子を、ICT 端末で撮影して見比べてみる。

※ Smac McCreanor の Facebook アカウントを参考にしました。

基本ルール

❶ 5 ～ 10秒程度のモチーフ映像を決める（主人公が人間ではなく、動物の映像や物体に力が加わって変形する映像などがよい）。

❷ 2 ～ 4 人組になり、それぞれ選んだ動画に映る動物や物体の動きを再現する。

❸ 互いに端末で撮影し合い、できた動画と元動画を見比べて、さらに動きを近づけていく。

子どもが考えるポイント

☑撮った動画を何度も見返してみましょう。頭の中のイメージと実際の動きの見え方にはかなりギャップがあります。「もっと手は大きく動かさなきゃ」「思ったより頭が下がりすぎているな」など、自分のイメージと映像の動きを近づける工夫をすることで、自分の体を思い通りに動かせるようになっていきます。

☑よりモチーフになりきるために、衣装や小道具にも工夫を凝らしたいですね。物体がはじける様子をボールを投げて表現したり、ビニール袋などで羽を表現したりと、子どもの想像力をどんどんかき立てましょう。

もっとゲームを楽しくする!

観客の前での「発表会」はないほうがいい!

表現運動をさせるとき、つい「お互いに見せ合いましょう」と発表会をしたくなりますが、この「観客の視線」が恥ずかしさを生み、子どもの表現を大きく縮めてしまいます。あくまでも「映像内の姿」がモチーフに近づけばよいので、全員で一斉に撮影をして、見せ合うのは動画だけにしましょう。他のグループからは誰にも見られていないという安心感をつくることも大切です。

グループ表現にもチャレンジしよう!

複数の動物や物体が映る映像をモチーフにして、グループ表現をしてみるのも盛り上がるでしょう。画面に映る人数が増えると、タイミングや立ち位置のバランスまで考えるので、より再現するのが難しくなります。グループ内でコミュニケーションをとりながら、納得のいく動画になるまで何度も試行錯誤させたいですね。

ストーリーを大切にしよう
動物なりきりアスレチック

🕐 **20〜40分**
低・中学年

いろいろな動物になりきって進んでいくサーキット系の表現運動です。人に見せるための表現ではなく、頭の中のイメージに焦点をあてる内向きの活動なので、恥ずかしさも感じにくくなります。動物になりきることで、普段は使わない筋肉なども効果的に動かせます。

> 必要な道具：マット・跳び箱・フラフープ・マーカーなど
> （設定する動物と引き出したい動きに応じてコースをつくりましょう）

基本の進め方

❶ホワイトボードでコースの全体図を示し、全員で準備をする。

❷コース内の各エリアでなりきる動物とその動きを説明する（実演できればよいが、できない場合はタブレット等でその動物の映像を見せる）。

❸各エリアにバランスよく広がり、一斉にスタートする。

❹一度スタートしたら、しばらく止めずにコースを回り続ける（10〜20分）。

❺感想を聞くなどの振り返りをして、全員でコースを片付ける。

子どもが考えるポイント

☑その動物のイメージをより鮮明にもつことが大切になります。骨格が異なる動物の動きを真似ることで、腕や足がどんな角度でどんな動きをしているのかを考え、普段とは違う動きを体験できます。

☑動きの再現をより忠実にするために、表情や動くスピードにも意識を向けさせましょう。「あ、獲物がいるぞ！」や「そろ〜り、そろ〜り」などと声をかけ、世界観をどんどんつくりましょう。

エリアづくりのポイント

　１つ１つの動きが特有のもので、イメージを大切にしたいからこそ、じっくりとその動物になりきる時間を確保したいです。そのため、エリアごとに分けて一定時間がたつとローテーションするステーション方式がおすすめです。

　図のように体育館を４つのエリアに分け、それぞれのエリアにテーマを決めます。各エリアが同じくらいの人数になるように分かれたら、１つのエリアで約５分間を目安に体験させましょう。そのエリアでどんな動物になるかがわかるように、イラストや写真を各エリアに掲示しておくといいですね。

　すべてのエリアを体験したら、最後に自由に回れる時間も用意しましょう。もう一度やりたい動きや味わいたい環境を選び、子どもたちは最後にどっぷりと想像の世界に入り込むことができます。

動きごとにゾーニングしよう！

なりきり動物とその動きの例

●アシカ

足を後ろに伸ばして引きずりながら、腕の力だけで前に進んでいきます。6ｍ（マット2枚分）程度の距離がちょうどよいです。腕支持の補助運動としても効果があります。

●チーター

8～10ｍ程度の距離を、四足歩行でなるべく速く進みましょう。ゴールまでの競走や、狩り風のおにごっこをさせてもいいでしょう。脚力とリズム感が重要な動きになります。

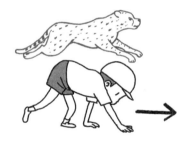

●パンダ

マットの上に座り、両足の裏を合わせてつま先を両手で持ちます。そのままの姿勢で横に倒れ、背中をついてぐるっと回って再び起き上がります。ゴロンと転がる感覚で、背中のどのあたりをつけば回りやすいか探してみましょう。

●オランウータン

肋木にぶら下がり、ひじを伸ばしながら　横へと進んでいきます。ひじを伸ばすので、足の位置が重要になります。肋木を背にしてやると、ひじを曲げにくくなるので、さらにオランウータンらしい動きになりますよ。

●カンガルー

フラフープを１ｍ程度の間隔で６〜８個並べ、両足ジャンプでリズムよく進んでいきます。連続でジャンプできるように、かかとを床につけない着地を意識しましょう。慣れてきたら、フラフープをジグザグにしてもいいですね。

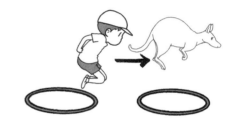

●しゃくとり虫

マット２枚分（６ｍ程度）を並べて、その上にうつぶせになります。ひざをおなかに寄せながらお尻を高く上げ、胸をマットにつけたままつま先でマットを蹴って前進します。何度も動きをくり返しながら、じりじり前に進んでいくイメージです。つま先でのマットの押し方やリズムを工夫してみましょう。

●タカ

　跳び箱（3段）の上から、獲物にとびかかるようにジャンプします。フラフープを獲物に見立てて、跳び箱から1mくらいの場所に置きます。両足でつかむようにしっかりとその中に着地しましょう。着地場所にはマットを敷きますが、ひざをついた着地にならないように、しっかりバランスをとることが大切です。慣れてきたら、フラフープの距離を伸ばしてみましょう。

●トカゲ

　両手両足を床につき、おなかがつかないギリギリの高さまで下げて這うように進みます。距離は6m（マット2枚分）程度がちょうどいいです。あごを床に近づけると姿勢が保ちやすくなります。上から見たトカゲのように、ひざを外側に出すことを意識しましょう。体幹強化にも効果抜群です。

ゲーム中の動きから 子どもの「意図」を見取る

　最後に評価の話をしましょう。本書で紹介した体育ゲームは、どれも子どもを夢中にさせる遊びの延長のような運動ばかりです。そのためこれらのゲームをしているだけでは、先生自身がなかなか「学習」をしている感覚をもてないかもしれません。

　しかし、ゲームに夢中になればなるほど、子どもたちの思考は活性化しています。もっとこうすれば上手くいくだろう、次はこんなプレーをしてみようなど、徐々にゲーム中の動きに「意図」が見えるようになってきます。これこそが先生の見つけたい評価ポイントなのではないでしょうか。体育授業の中で一人ひとりの子どもがどんな思考をしているかは非常に大きな関心事であり、それを見逃さないための方法を工夫している先生は多いと思います。

　大切なのは、学習カードの記載など「落ち着いた状態での振り返り」に頼らず、ゲーム中の「リアルタイムな意図や判断」をできるだけ多く見取ることです。そのためには、あらかじめ先生自身が子どもの思考をある程度予想しておくことが重要となります。各ゲームで示した「子どもが考えるポイント」を十分に理解して先生から子どもたちにクイズを出すような感覚で、体育ゲームの中にさまざまな思考ポイントを取り入れてみましょう。そうすると、ゲームの中で子どもたちがどんな「回答」を導き出しているかがよく見えて、評価の材料が見つけやすくなりますよ。

あとがき

　ここまで本書を読み進めてくださり、ありがとうございました。最後に、本書で紹介したゲームすべてに共通する大切なことを皆さんにお伝えします。

　国語でも、音楽でも、学校が扱う教科というものは、すべて社会に存在する文化を子どもにも体験させるためのものです。体育が扱うものは、当然「スポーツ」になります。

　「スポーツ」とは、とても多様な意味をもつ言葉です。オリンピックのサッカーも小学生の公園でのサッカーもどちらもスポーツだし、中にはスポーツ大会にチェスやトランプが含まれることもあります。近年急成長しているゲーム市場も「e スポーツ」としてその名を冠しています。

　そんな何でもありに思えるようなスポーツという言葉は、「気晴らし(deportare)」というラテン語が語源になっています。じゃあ、体育もスポーツを扱うんだから気晴らし程度でいいんだと言ったら、きっと納得してもらえないでしょう。

　すごく当たり前のことですが、私たちは、家でも、学校でも、職場でも、そこにある「目の前の現実世界」に身を置いています。一方で、ゲームの世界、マンガの世界、映画の世界というように、一時的に目の前の現実から離れて別の世界に飛び込む経験は誰にでもあると思います。この「仮想世界に飛び込むこと」こそが「気晴らし」なのです。

　これは子どもでも同じです。おままごとをしている幼児が「自分の世界」に浸っているように、休み時間におにごっこをしている子どもたちも「彼らの世界」を創り出してその中に身を置いています。

　だから体育でスポーツ（気晴らし）を扱うとは、体育に「クラスみんなで飛び込める仮想世界」を用意するということなのです。普段の現実世界（真面目なお勉強）から一時的に離れ、「ゲーム」という新しい世界に子どもたちが没入できることが必要になります。

子どもにとって遊びがとても大切だといわれるのは、この仮想世界での体験が、現実世界では学べないことが多く詰まっている価値あるものだからです。体育を通して子どもが学ぶべきものも、まさに「仮想世界」で「体験的」に学ぶべきものばかりです。決して「現実世界」で「知識の伝達」だけで得られるものではありません。

　本書のテーマである「楽しむ・考える」という姿は、まさに子どもが「運動ゲームの世界」に没入したときに見られます。「おもしろそう！」と魅力的に映った世界に飛び込み、その中でさらによい「自分たちの世界」を創り出そうとする瞬間に、最高の体験と学びが生まれます。

　そのため、われわれ教師の役割は、子どもが飛び込みたくなるような魅力的なゲームを提示し続けること、そして、ゲームの中で展開される「子どもたちの世界」を大切に見守ることです。その世界からはじき出されてしまった子は、いわゆる体育嫌いになってしまいます。すべての子が安心して飛び込める、そんな素晴らしい「体育の世界」をぜひ創ってほしいと願っています。

　本書は私にとって初めての執筆となり、本を書くことについて背中を押してくださった坂本良晶先生や、編集の山本聡子さん、制作の駒井麻子さんのお力添えがなければ到底実現しないものでした。また、私の SNS アカウントをフォローしてくださっているすべての皆様にも、日頃の感謝を込めてこの一冊を仕上げました。この本を読んでくださった先生方や、そのクラスの子どもたちがほんの少しでも体育を好きになってくれたら、私にとって最高のしあわせです。

　2024 年 1 月

小溝　拓

●著者紹介

小溝 拓（こみぞ たく）

1991 年生まれ。千葉県出身。文教大学教育学部卒。順天堂大学大学院スポーツ健康科学研究科博士前期課程修了。「スポーツは体育に何を求めているのか」を知るために小学校教諭を休職して大学院でスポーツマネジメント学ぶ。バルサ財団監修「SportNet 方法論」の指導者認定も受け、体育をより楽しいものへとアップデートさせた実践を展開。「アカデミック先生」として、日々の実践や理論をまとめた「New 体育論」を SNS で発信中。現在 X フォロワー 1.7 万人。

動画でわかる！　運動嫌いがゼロになる！
子どもが考えて楽しむ体育ゲーム

2024 年 2 月 2 日　初版発行

著 者	小溝 拓（こみぞ たく）
発行者	佐久間重嘉
発行所	学 陽 書 房

〒 102-0072　東京都千代田区飯田橋 1-9-3
営業部／電話 03-3261-1111　FAX 03-5211-3300
編集部／電話 03-3261-1112
http://www.gakuyo.co.jp/

ブックデザイン／能勢明日香
本文イラスト／おしろゆうこ
DTP 制作／越海辰夫
印刷・製本／三省堂印刷